共同富裕的中国方案

郑永年　著

浙江人民出版社

图书在版编目（CIP）数据

共同富裕的中国方案 / 郑永年著． — 杭州：浙江人
民出版社，2022.5
　　ISBN 978-7-213-10562-3

　　Ⅰ．①共… Ⅱ．①郑… Ⅲ．①共同富裕—研究—中国
Ⅳ．①F124.7

　　中国版本图书馆CIP数据核字（2022）第072054号

共同富裕的中国方案

郑永年　著

出版发行：浙江人民出版社（杭州市体育场路347号　邮编　310006）
　　　　　市场部电话：(0571)85061682　85176516
责任编辑：莫莹萍　诸舒鹏　　　　　营销编辑：陈雯怡　陈芊如
责任校对：陈　春　　　　　　　　　封面设计：赵晓冉
责任印务：程　琳
电脑制版：杭州天一图文制作有限公司
印　　刷：浙江新华数码印务有限公司
开　　本：710毫米×1000毫米　1/16　　印　　张：15.5
字　　数：158千字　　　　　　　　　插　　页：6
版　　次：2022年5月第1版　　　　　印　　次：2022年5月第1次印刷
书　　号：ISBN 978-7-213-10562-3
定　　价：78.00元

如发现印装质量问题，影响阅读，请与市场部联系调换。

自　序

　　学术研究总是有时代背景的，总是从不同角度折射时代的需要。有几个因素促成了本书的写作。很多年里，笔者致力于一项被笔者称为"保卫社会"的研究项目。近代以来的世界历史表明，无论在什么社会，经济高速发展的过程必然会对社会产生巨大的影响，既有积极正面的影响，也有消极负面的影响。如果在这一过程中，社会得不到有效保护，那么就会出现不稳定的情况。我把这种情形称之为"托克维尔困局"。这方面的思考反映在浙江人民出版社2011年出版的《保卫社会》一书中。《保卫社会》出版之后，受到各方面的关切。时任广东省委书记的汪洋先生就把这本书推荐给全省党员干部参考学习。时任国家开发银行董事长的陈元先生也找我讨论这本书的内容。其他很多具有强烈企业社会责任感的企业家（无论是国有企业还是民营企业），也找我交流和探讨企业如何为"保卫社会"做些事情。因为《保卫社会》涉及当时中国社会所面临的诸多现实问题，同时也探讨了解决这些问题的一些可能的方法，读者对这本书表现出了很大的兴趣。这本书也因此出版了修订版，并多次重印。今年年初，浙江人民出版社再次出版最新的修订版，增删了一些内容，这表明这本书提出的很多问题直到今天依然是与我们相关的。我自己也没有因为这些文字的出版而停止对相关问题的研究，而是努力把"保卫社会"的主题以更为概念化和理论化的形式进行表述，更为系统的概念和理论表述反映在我和黄彦杰博士合著的《制内市场》（*Market in State*）一书中。

在《保卫社会》出版后的十多年里，中国社会已经发生了巨大的变化。在诸多变化中，最显著也最具社会意义的莫过于政府在"保卫社会"方面所采取的政策和举措的不断升级和完善。自改革开放以来，我们不仅从一个贫穷的经济体提升为世界第二大经济体，培养了4亿中产；更为重要的是，我们促成了8亿人口脱离绝对贫困状态。光从2012年中共十八大以来，我们就通过精准扶贫促成了近1亿农村贫困人口脱贫。这些数据无论从哪个角度来说，都是世界经济史上的大奇迹。

如果横向地比较，我们更可以为自己所取得的成就感到骄傲。在过去一轮的全球化中，美国等西方国家也同样取得了可观的经济成就，但是收入和财富差异越来越大，社会越来越分化，超出了社会的承受程度。今天这些国家民粹主义崛起，社会处于不稳定状态，政府面临治理危机。

也就是说，它们可持续的经济发展并没有导向可持续的社会稳定。相较之下，我们不仅实现了可持续的经济增长，也实现了可持续的社会稳定。其背后原因就是我们通过采取有效的社会发展政策和举措，尤其是大规模扶贫，保证了基本的社会公平。

今天，国家进入新时代，发展进入新阶段，中央已经把"共同富裕"提到议事日程上来了。浙江更是被确定为高质量发展建设共同富裕示范区。从"保卫社会"到"共同富裕"是一个大进步。如果把共同富裕置于我们上面所讨论的当今世界背景中，那么人们就会对推进共同富裕的世界意义有更为深刻的理解。

与此相关，我自己的思考自然也从"保卫社会"转向"共同富裕"。本书就是我对共同富裕问题的一些初步思考。这些思考不见得成熟，但先提出来，供大家思考和讨论。正如本书所强调的，共同富裕是一项艰巨复杂的工程，需要很长的历史时间才能达成。这需要我们研究者进行长期的思考研究。我自己的更多思考也会反映在我下一阶段的政治经济学研究计划中。

本书的直接起源来自2021年初春在我老家浙江的一次实地考察。浙江省委袁家军书记邀请我去浙江围绕共同富裕课题进行实地考察。我欣然答应，因为这是我一直在思考的问题。常务副省长陈金彪、时任宣传部部长朱国贤（现任湖南省委副书记）、时任衢州市委书记徐文光（现任浙江省副省长）等陪同我到各地考察，与各地干部官员、企业家、老百姓进行座谈。浙江省委政研室主任朱卫江和其团队更是全程陪同考察。考察完之后，我与袁家军书记作了交流，并在浙江省委理论学习中心组举行的"浙江论坛"报告会上作了讲座。浙江是我老家，我对浙江的关切从来没有中断过。我在普林斯顿大学所做的博士论文，有一部分就是研究浙江模式，尤其是温州模式的。2006年，我组织并参加过一个国际专家代表团考察浙江，2021年的这次考察使我更加全面深入地了解了浙江。浙江这些年在如何追求共同富裕方面积累了很多宝贵的经验，我有足够的经验材料，对浙江实践进行理论探讨。

深圳市政府对这个研究项目也给予了各方面的支持，本项目是深圳市政府和香港中文大学（深圳）前海国际事务研究院合作研究项目的一部分。深圳是中国特色社会主义先行示范区，共同富裕是示范区建设的一个重要方面。深圳实践经验也是我思考和研究的原始材料。在此对深圳市提供的各方面的协助和支持表示感谢。

2021年的考察一结束，回到香港中文大学（深圳）前海国际事务研究院，我就组织同事一起研究共同富裕问题。和年轻同事的讨论也给我很多启发，毕竟不同年龄段的人面临不同的环境，对这个问题有不同的思考。这里要感谢袁冉东博士和魏媛媛博士，我和他们合写的几篇论述企业发展、税收和共同富裕关系的文章也收录在本书中了。我的行政同事王心言、安丽娜、徐兰曚等为我提供了一个安静的研究环境。

我要特别感谢浙江出版联合集团董事长、总裁鲍洪俊先生在几个场合的"催促",这促使我放下手头其他的工作而专注于共同富裕这个重要课题。浙江人民出版社总编辑王利波和责任编辑莫莹萍、诸舒鹏在本书的编辑出版过程中付出了大量的辛劳。

对所有这里提到的和没有提到的帮助过我的人,在此一并表示感谢。

郑永年

2022 年 1 月 18 日

目　录

导　论
共同富裕与世界问题的中国方案

　　人类自古面临两个具有普遍性的问题，即贫困和不平等。解决这两个问题中的任何一个，都会有效推动人类的进步。在漫长的历史上，人类大部分时间都处于农业文明状态。在农业文明阶段，尽管国家之间、人群之间也存在着贫富差异，但普遍贫困是主要特征。今天人们所谈论的"不平等"始于近代，或者说，近代历史是从"不平等"开始的。如何解决不平等问题，也因此成为哲人们研究和讨论的重点。

　　法国思想家卢梭于1755年出版《论人类不平等的起源和基础》。在该书中，作者探讨了社会不平等的原因及克服的方法，认为生产的发展和私有制的产生，使人类脱离了"自然状态"，产生了贫富不均的社会现象。卢梭在这里提出了两个原创性思想：第一，经济发展是近代市场经济的产物；第二，"不平等"也是西方市场经济发展的产物。马克思基本上继承了这个分析传统，他的《资本论》更是迄今为止探讨人类不平等最有影响力的一部巨著。马克思一生都在致力于探索如何构建一个公平社会。

马克思以后，人类社会已经从工业社会转型到后工业社会，再从后工业社会转型到信息社会，欧洲主要国家也从马克思时期的原始资本主义社会转型到福利资本主义社会。这些转型都为人类创造了巨量的财富。

但是，人类还是没有能够有效解决贫困和不平等问题。无论是世界各国持续出现的对不平等的抗议运动，还是越来越多的研究贫困和不平等问题的经济学家（包括发展经济、福利经济、反贫困等领域）获得诺贝尔奖，这些事实都指向了人类贫困和不平等的严峻性以及人们对之的关切。

从经验上看，就贫困和不平等的具体情况而言，当今世界各国可以分为三种类型。

第一种类型，贫困国家。尽管近代以来的经济发展使人类的贫困状况大有好转，但大多数社会仍然处于低度发展的贫困状态。这些国家大都分布在非洲、拉丁美洲和亚洲，而在非洲撒哈拉沙漠以南的国家尤其贫困。改革开放以来，我们促成了高达8亿人口脱离绝对贫困状态，这是世界经济史上的一大奇迹，既是对我们自己国家的贡献，也是对世界扶贫事业的贡献。实际上，在过去40多年里，中国为世界的扶贫事业做出了最大份额的贡献。但像中国这样的奇迹并没有在其他任何国家和地区发生。尽管印度这些年来因为经济的发展对世界扶贫事业也有贡献，但印度并没有能力复制中国经验，印度整体仍然处于贫困状态，而且其中不乏极度贫困的地区。

第二种类型，不平等国家。较之贫困国家，不平等国家的数量更大。贫困国家往往也是不平等国家，因为即使最贫困的国家也会有少数富裕的人口或者社会阶层。更为严峻的是，大多数富裕国家也是不平等国家，并且越来越不平等。例如，英国和美国是典型的资本主义国家，也是富裕国家，但这两个国家也是不平等国家，而且不平等的程度已经大大超越了这些社会可以接受的程度。美国学者称自己国家为"富豪社会"。这也是这些国家民粹主义崛起的主要因素。英国的"脱欧"和美国"特朗普主义"的崛起便是民粹主义兴起的标志。

第三种类型，共同富裕国家。这些国家不仅脱离了贫困，成了发达经济体，而且也控制了贫富差异，呈现共同富裕状态。这不是说，这些国家没有贫富差异，而是说贫富差异的程度维持在这些社会可以接受的范围内。不过，很可惜，这类国家少之又少，主要是欧洲的斯堪的纳维亚国家。

因此，从世界的现实来看中国的共同富裕目标，我们可以看到，尽管我们针对中国的现状提出了如何实现共同富裕的问题，但这个问题其实是一个具有普遍性的世界难题。改革开放40多年来，我们解决了自己的绝对贫困问题，为国际社会提供了丰富的反贫困经验。现在，国家面临百年未有之大变局，我们把共同富裕提上议事日程，这对我们的内政和外交都具有深刻和深远的意义。

就内部来说，共同富裕的意义表现在经济、社会和政治各个方面。

就经济而言，共同富裕就是要实现可持续发展。发展是人类追求的第一价值。这也就是为什么我们把发展权看得如此重要。很简单，如果没有发展，人类就会处于极端贫困状态，很多其他的价值（如自由、公平和平等）就无从谈起。但是，人类在追求发展方面也付出了巨大的代价。正因为发展是第一价值，很多社会往往不惜一切代价去追求发展，体现为"为了发展而发展"。尽管发展促成了一部分人的富裕，但这一部分人的富裕往往是建立在很多牺牲之上的，例如牺牲了环保，牺牲了劳动者的健康，牺牲了其他国家的利益，等等。正如以往的历史所显示的，这种发展是不可持续的。同时，这也表明，共同富裕不只是一个财富和收入的概念，还涉及更为广泛的环保、健康与国际和平等方面，所有这些都是内部公共品或者国际公共品。破坏了这些公共品，或者这些公共品供应不足，就很难实现共同富裕。这也表明，中国提出共同富裕意在探索一种新的发展模式。

就社会而言，共同富裕就是要实现社会公平的价值。尽管共同富裕不是均贫富，但经验表明，如果一个社会内部收入和财富差异过大，那么社会就会失去公平性。社会是一个"命运共同体"，大家要长期朝夕相处下去，必须对自己生活的社会具有认同感。没有这样一种认同感，社会是难以维系的。西方的历史表明，奴隶社会的解体，在于奴隶这个庞大的阶层并不认同其所属的社会；封建社会的解体，在于各种地方政权统治下的民众向往走出其所属的城堡；以工人阶级为主体的社会主义运动的产生，是因为这个群体需要享受与其付出的劳动相对应的权利；当代各种反资本的民粹主义运动的产生，是因为劳动所得与资本所得不成比例。中国的历史也显示了这一点，历史上各种农民起义的发生，简单地说就是因为社会失去了基本的公平感。中国在改革开放的40多年里同时实现了可持续的经济发展和可持续的社会稳定，究其原因在于中国政府通过发展经济、大规模的扶贫等方式消灭了绝对贫困，实现了基本的社会公平。也正是在这个意义上，中国政府在国家实现了全面小康之后"继续革命"，把共同富裕提到了国家的议事日程上来。

就政治而言，共同富裕既关乎中国共产党的执政基础，也关乎中国共产党对国家的有效治理。在这方面，如果比较一下当代中国与西方的政党政治和国家治理就会一目了然。在西方，从理论上说，执政党的合法性来自民主，即通过"一人一票"的选举，由得到多数票的执政党执政。我们也可以承认选举的确是西方政党的合法性之所在。但问题在于，为什么原来被多数人接受的政党政治现在会处于深刻的危机之中呢？在今天的西方民主国家，执政党为了执政而执政，反对党为了反对而反对，政党之间互相否决，导致国家治理危机的出现。西方国家的治理危机显然并非来自经济危机，因为在过去的数十年里，西方各国经济发展并不差，都从全球化过程中获得了巨大的好处。如果考虑到西方各国治理危机的核心就是民粹主义的崛起，那就不难寻找危机的根源了，即社会群体间财富和收入差异过大，导致社会阶层之间高度失衡。

事实上也是如此。尽管自20世纪80年代以来，全球化为西方国家创造了巨大的财富，但只有极少数人控制了新创造的财富，多数人不仅没有得到财富的增值，反而利益受损，成为全球化的受害者。以美国为例，尽管在过去的数十年里造就了一大批富可敌国者，但中产阶层的规模持续缩小，占总人口的比例从20世纪80年代的70%下降到今天的50%左右。美国人过去引以为傲的"中产社会"已演变成为"富豪社会"。这种演变导致了民粹主义的崛起，而特朗普那样的民粹政治人物的当选是民粹主义的必然产物。英国"脱欧"和欧洲其他各国的政治激进主义（无论是右派还是左派）都与社会失去了基本的公平有关。不平则鸣，民粹主义运动就是受害者的抗议运动。

中国和西方形成了鲜明的对比。原因很简单，因为中国共产党同时实现了经济发展与基本社会公平两种价值。这两种价值的同时实现，既强化了中国共产党的执政基础，也为有效的国家治理奠定了经济基础。邓小平提出的"让一部分人先富起来"，"走共同富裕的道路"，反映的是中国领导人对发展和公平之间关系的科学认识。发展是第一价值，是实现其他所有价值的基础。马克思主义所强调的"经济是基础"指的就是这个道理。现在有很多人怀念改革开放前的"公平"，但这种公平是建立在普遍贫穷基础之上的。"贫穷不是社会主义"，这是中国共产党几代领导层的共识。中国共产党的初心就是消灭人剥削人的现象，实现平等社会，但并非要实现一个贫穷的平等社会。毛泽东也是非常强调发展的，他的很多政策（包括"大跃进"）就是为了追求更快的发展。邓小平的"让一部分人先富起来"，是追求发展的第一步，其最终的目标便是共同富裕。

尽管我们现在把共同富裕提到议事日程上来了，但这并不是说我们之前忽视了共同富裕的目标，否则很难解释中国社会的可持续发展。在经济发展方面，我们显然是成功的。中国已经从20世纪80年代初那么贫困的一个国家变成了世界第二大经济体。即使就人均GDP而言，也已经从20世纪80年代初的不到300美元提升到2021年的1.2万美元了。很多地区，尤其是东部地区已经赶上亚洲"四小龙"（韩国、新加坡、中国台湾和中国香港）经济体的发展水平。那么，中国社会为什么没有出现欧美社会或者很多发展中国家社会的不稳定状态呢？就收入和财富差异而言，全球化给西方所带来的负面影响和给中国带来的影响是一样的，中国的收入和财富差异也很大，甚至并不比其他国家小。同样，中国也存在着区域发展不平衡的问题。但中国社会是稳定的。为什么中国能够实现社会稳定？最主要的根源在于我们实现了基本社会公平，使得没有一个社会群体感到自己游离于发展过程之外，甚至被发展所抛弃。中国的脱贫成果被包括世界银行在内的国际组织视为扶贫或反贫困的典范。毋庸置疑，扶贫一直是中国历届政府的重要责任。现在我们提出要共同富裕，就是因为有了之前实现全面小康的基础。

在国际层面，中国的共同富裕也可望像中国的扶贫那样，为世界提供一个解决问题的"中国方案"。贫困仍然困扰着当今世界上的大多数国家，而能够实现共同富裕的国家少之又少。如上所述，即使是经济发达的英美国家，也没有实现共同富裕这个目标，能实现共同富裕的国家大都在北欧。这些社会有几个比较优势，包括它们都属于先发展起来的经济体，很早就走上了福利社会道路，并且人口少、民族单一。这些比较优势都非常有利于它们实现共同富裕。

相比之下，在所有这些方面，中国都没有优势。首先，中国是后发展国家。如果说欧美是第一波工业化国家，苏联、日本和亚洲"四小龙"是第二波工业化国家和经济体，那么中国则是第三波工业化国家。较之先发展国家，中国各方面的基础比较薄弱，属于后来居上。无论资源的可得性还是国际局势，中国都已经不可能重走从前西方大国所走过的路了。西方先发展国家不仅有先工业化的优势，更通过帝国主义和殖民主义等形式，在随意向后发展国家输出产品的同时，掠夺这些国家的资源以实现内部的可持续发展。其次，中国为世界第一人口大国，尽管经济体量大，但人均GDP仍然较低。体量大，要逃避"中等收入陷阱"已经很不容易，要实现共同富裕则更难。最后，中国国土面积大，地方差异也大，并且是多民族国家，这些对实现共同富裕也构成了结构性困难。

但正是因为这样，中国如果在实现共同富裕方面成功了，那就是人类首次在一个人口大国实现共同富裕，其国际意义深远。中共十九大强调"中国模式"，即中国为那些既想获得发展又想保持独立的发展中国家提供了一个可供选择的现代化模式。如果中国成功了，那么中国模式的影响范围会远远超越发展中国家，甚至对很多发达国家产生示范作用。可以说，中国实现共同富裕本身就展现了中国制度的软力量。

第一章
共同富裕与马克思主义中国化

在实现全面小康社会之后，中国共产党把建设共同富裕社会提到议事日程上来了。尽管这个概念已经包括在邓小平于改革开放之初提出的"让一部分人先富起来"，"走共同富裕的道路"的政策目标之中，但今天重新提出并把此视为最重要的政策议程，仍然引起了诸多社会讨论，不仅中国社会在进行讨论，国际社会也高度关切。一些西方主流媒体已经把此视为能够对中国乃至世界产生重大影响的中国政策变化。国际社会的关注并不难理解，环顾当今世界可以发现，共同富裕既是一个普遍价值，也是一个世界性难题。因此，中国实现共同富裕具有普遍意义。

对中国来说，实现共同富裕是一个系统的工程，也必然是一项长期的事业，但从一开始至少要在理论和实践上做两件事情。第一，共同富裕是马克思主义建立公平正义社会的核心价值观，我们必须追求；而要实现这一核心价值，我们必须正确理解马克思主义，实事求是地深化马克思主义的中国化。在这个问题上，我们要继承和发挥马克思主义关于社会公平公正的价值观和人类社会发展的理念，但要将实现这些价值的工具中国化。"条条大路通罗马"，尽管人类社会具有共同的价值观，但每一个国家都必须根据自己的文明、文化和国情，找到适合自身的有效手段去实现这些价值。从已经实现共同富裕的一些社会的经验看，一方面需要坚守共同富裕价值观，另一方面又要找到适合自身的路径和工具。同理，我们今天也不能照抄照搬西方社会的科学理论和实践，既要虚心学习其他国家成功的经验，也要认真吸取其他国家失败的教训。第二，认真总结我们自己国家的丰富经验，无论是国家层面的，还是地方层面的。随着共同富裕成为新发展阶段的战略目标，各地也在进行不同的政策实践。我们对这些政策实践需要及时总结提炼。这些经验甚至较之国外的经验更为重要，因为它们是在中国自己的土地上产生的。

一、追求共同富裕是一个普遍性问题

对这个世界上的大部分国家来说，共同富裕的问题还没有提上议事日程，因为它们面临的最大问题还是如何摆脱贫困。中国现在把这个问题提到议事日程上来，是因为中国已经完成了消除绝对贫困、全面建成小康社会的使命。中国减贫作为世界反贫困斗争的重要组成部分，取得了举世瞩目的巨大成就，为世界减贫作出了重大贡献。

即使是发达国家，也面临着如何实现共同富裕的问题。这些国家虽然实现了富裕，但还面临着社会财富分配不公的问题。今天的西方国家尤其是英美面临着一个可以称之为"托克维尔困局"的问题，即经济发展导致社会的不稳定。经济不发展，社会肯定贫困；但经济发展了，社会不见得稳定。以美国为例，在过去数十年的全球化中，美国创造了巨大的财富。从前美国人自豪地把自己的社会称为中产社会。20世纪80年代前美国中产阶级比重达到70%，社会是稳定的，因为无论哪个政党执政都要照顾到社会的大多数群体，不至于走向极端。但现在，美国中产阶级萎缩，社会财富被很少一部分人掌握，逐渐演变成富豪社会。这也是美国民粹主义运动崛起的社会背景。

需要注意的是，中国在经济发展和反贫困方面取得了巨大的成就，但依然面临着一些问题。第一，我们国家还不够富。虽然年人均GDP从20世纪80年代初的不到300美元提高到今天的1.2万美元左右，但距离发达国家水平还很远，并且老龄化问题日益严峻。第二，和很多国家一样，收入差距和财富差距也在拉大。尽管没有一个社会可以达到绝对公平，但如果收入和财富差距太大，那么社会很难成为共同体。中国古代思想家孟子早就说过，"有恒产者有恒心，无恒产者无恒心"。若无恒心，则什么事情都做得出来。经过数十年的努力，我们已经摆脱了绝对贫困状态，今天我们要转向共同富裕，探索社会共同体的建设。

二、共同富裕关系中国共产党的执政基础

100年来，中国共产党始终没有停止过对社会主义的探索。古代中国尽管没有"社会主义"这个概念，但社会主义的理念一直与中华优秀传统文化相通，"大同社会"的概念就是对社会主义的另一种表述。而到了近代，民族主义、自由主义、资本主义、无政府主义等各种主义在中国一度盛行，但都是昙花一现，只有社会主义被接受并得到发展，就是因为社会主义符合中国文化的发展理念。

中国传统社会尽管拥有"大同社会"的理念，但这种理念仅仅是美好设想，没有真正实现过。社会发展到今天，这个理念的实现具有了理论和实践条件。尤其是新中国成立以来，中国共产党根据社会发展的客观形势，不断对社会主义进行探索和重新定义。社会主义在中国不是一个已经固定了的概念，而是一直在变化，一直在被丰富和充实。改革开放以前，在当时的国内国际局势下，我们实行的是社会主义计划经济体制。在社会主义计划经济体制下，我们经历了第一波国家主导的工业化，为后来的改革开放和现代化建设奠定了坚实的物质技术基础。如果没有这第一波国家主导的工业化，中国也很难有现在的工业基础。20世纪70年代末80年代初，中国开始实行改革开放政策。邓小平提出，贫穷不是社会主义，社会主义要消灭贫穷。他提倡"让一部分人、一部分地区先富起来"，就是为了

突破贫穷局面。改革开放时期中国社会主义建设的成就是非常大的：如今中国已经成为世界第二大经济体，按照国际标准已拥有4亿人的中等收入群体，更重要的是，使近8亿人脱贫，尤其是中共十八大以来，通过精准扶贫，新时代脱贫攻坚目标任务如期完成。

现在我们已经开启全面建设社会主义现代化国家新征程。面对第二个百年奋斗目标，社会主义如何实践？中共十九大提出新时代的"三步走"战略，到2020年全面建成小康社会（这一步已经实现），到2035年基本实现社会主义现代化，到本世纪中叶建成富强民主文明和谐美丽的社会主义现代化强国。无论是基本实现社会主义现代化，还是建成社会主义现代化强国，内容都非常丰富，但共同富裕肯定是其中一个核心内容。

从世界范围来看，贫穷社会是不可持续的，但是一部分人过度富裕、多数人富裕不起来的社会，也是不可持续的。如果与世界上的"贫困社会"和"富而不平社会"作个比较，我们探索的共同富裕无疑具有世界性的意义。

三、共同富裕是中国对马克思主义的贡献

中国共产党现在是世界上少有的几个马克思主义执政党之一，中国是社会主义国家；但是不能忘记，中国共产党是中国式的马克思主义执政党，中国是具有中国特色的社会主义国家。马克思主义的精髓是实事求是，一切从实际出发，从发展的视

角分析问题和解决问题。

中国共产党第一个百年的成功，是以马克思主义中国化为前提的。以前毛泽东曾说"马克思主义是放之四海而皆准的理论"，但这绝对不是说各个国家可以机械地应用马克思主义。从经验来看，只有像中国这样实事求是地将马克思主义跟自己的文明、文化、国情有机结合起来的才能成功。那些不能与自己的文明、文化、国情有机结合的国家就会失败。苏联和东欧国家就是这样的失败例子，由于思想固化，教条主义难以克服，无法与时俱进找到适合本国实际的道路，最后导致政权崩溃。

在新民主主义革命时期和社会主义革命和建设时期，以毛泽东为主要代表的中国共产党人，成功地实现了马克思主义中国化，建立了中华人民共和国，中国人民站起来了。那个时候马克思主义中国化主要表现在几个方面。第一，农村包围城市。因为马克思主义产生在西欧，有它的时代背景、地理背景，所以当时的欧洲和苏联革命以城市为中心。早期中国共产党人以广州等城市为核心进行革命，但是失败了。直到毛泽东同志提出"农村包围城市"，我们才开始走出了成功的第一步。第二，武装斗争。马克思当时肯定巴黎公社的实践，但是鉴于当时欧洲的情况，马克思也提倡议会政治。中国共产党人很早就意识到必须搞武装斗争，否则很难在现有政治框架下实现自己的政治理想。第三，实行人民战争，团结一切可以团结的力量，建立最广泛的统一战线。

在改革开放和社会主义现代化建设新时期，以邓小平为代表的中国共产党人，再一次成功地进行了马克思主义的中国化，改变了中国的贫穷面貌，使中国富起来了。在社会主义发展史上，邓小平时代可以称为"发展型的社会主义"，主要是为了解决贫困社会主义的问题。邓小平说得非常对，社会主义是要追求富裕的，贫穷不是社会主义的特征。今天习近平总书记所提的"共同富裕是社会主义的本质要求"，是一样的道理，只是更进一步了。在马克思主义中国化方面，中国从根本上解决了资本主义和社会主义的分裂状态。邓小平提出，市场就是一种推动经济发展的工具，无论是资本主义还是社会主义，都可以使用。不管黑猫白猫，捉到老鼠就是好猫。这是一个非常重大的理论发明，因为之前所理解的计划经济是不要市场的。邓小平的这一理论创新对于马克思主义是飞跃式的贡献，而西方到现在为止都还没有解决好这个问题。国家和市场要一起发挥作用，才能推动经济的发展。

习近平新时代中国特色社会主义思想实现了马克思主义中国化新的飞跃。我认为中国共产党领导中国实现了"三个可持续"，即可持续的经济发展、可持续的社会稳定、可持续的制度支撑和引导。如果没有马克思主义中国化，很难想象我们可以同时实现这"三个可持续"。

20世纪80年代，我刚刚上大学的时候，新自由主义经济学开始流行，大家都在读芝加哥学派自由主义经济学家哈耶克的《通向奴役之路》（*The Road to Serfdom*）一书，作者说计划经济是一个"乌托邦"。但是，20世纪80年代以后，西方新自由主义盛行，资本太过于主导经济生活，演变成为另外一个"乌托邦"。经验地说，国家太过于主导经济或资本太过于主导经济，两者都会是"乌托邦"。所以，今天我们要追求共同富裕，前提是我们已经脱离了"贫穷社会主义"，现在要走向"共同富裕社会主义"。我们提"共同富裕"不是要制造另外一个"乌托邦"，而是要实事求是地探索如何实现共同富裕这个理想。

改革开放以来，中国实际上对马克思主义已经有很大的贡献。今天的中国是一个混合经济体，实施以公有制为主体、多种所有制经济共同发展的基本经济制度，既有国有资本，也有民营资本，还有混合资本。我们已经对马克思主义进行了创新，也正因为有对马克思主义的创新，我们才得以走到今天这一步。

今天世界性的问题表明，我们仍需继续对马克思主义进行创新。马克思对社会的分析，是把社会分为两部分，认为经济是基础，政治是上层建筑。这个分析在马克思那个时代是对的，但今天我们对此还可以进一步加以发展。我们今天讲"社会"就是对马克思主义的发展。"共同富裕"，它的主体就是人民，就是社会。那么，如何继续发展马克思主义？在马克思所说的"经济基础"和"上层建筑"之间可以加入一个社会变量，或者社会结构变量。经验地看，有什么样的经济结构就会有什么样的社会结构，而有什么样的社会结构就会有什么样的政治上层建筑。从北欧社会的实践来看，经济结构与社会结构之间的关系非常紧密。中国化的马克思主义应当是在实事求是的实践中形成的，而不能教条式地遵循。不能将马克思主义局限于一种意识形态，而应将之理解为指导各领域社会实践的正确方法论。只有如此，我们才能真正继承和发展马克思主义，才能形成具有中国特色、符合中国发展实际的政治体制、经济体制、社会结构，发展中国特色社会主义。我们要好好总结改革开放以来的经验，知道哪些方面是对马克思主义的新贡献，哪些方面需要继续作出创新、作出贡献。

同样，我们也不能以西方的理论来解读我们的发展经验，更不能以西方的理论来评判我们的实践。西方说民主自由才能发展起来；但是中国发展起来了，西方又说我们是"专制"。这是一个很矛盾的命题。中国的发展就是因为有中国式的民主、中国式的自由。如果中国实行了西方式的民主、西方式的自由，那么中国就发展不起来了。中国不是没有政治改革，只是没有西方所定义的政治改革。如果中国实行西方所定义的政治改革，那么中国就发展不起来了。中国正是因为有我们自己定义的民主、自己定义的自由、自己定义的政治改革，才发展到了今天。

四、共同富裕的实现有赖于马克思主义的继续中国化

今天我们尽管成功实现了这"三个可持续"，但是如何往前走，如何通往2035年，继而通往2050年呢？步入新时代，中国的现代化道路如何走，共同富裕如何追求，还是取决于如何继续把马克思主义中国化。我们仍然需要立足中国实际，回应现实需要，花大力气继续把马克思主义中国化，并且需要更彻底、更全面的马克思主义中国化，反对原教旨主义式的马克思主义、教条式的马克思主义、本本主义式的马克思主义。

中国共产党的历史就是一部不断推进马克思主义中国化的

历史。从毛泽东以来，中国共产党领导层再三强调马克思主义中国化。十九届六中全会通过的《中共中央关于党的百年奋斗重大成就和历史经验的决议》，其中一条主线就是马克思主义中国化。中国共产党对自己的历史经验总结得非常清楚，要以史为鉴，不断推进马克思主义的中国化。但是在社会层面，我们还是存在一些认识上的问题、思想不够解放的问题。我个人在思考这个问题，认为问题的关键在于如何区分马克思主义作为一整套的社会价值观与马克思主义作为实现其所提倡的价值观的方法，就是目标和工具要分清楚。马克思主义是一套普遍的价值观，但马克思主义所提供的方法受制于当时欧洲的历史条件。我们必须注意到目标与实现目标的方法之间的区别。

人类自产生以来就面临两大主题，一是财富，二是公平。把西方的思想史简单总结一下，我们可以看到主体的政治经济学就两个概念，一是如何追求财富，二是如何追求社会公平。这两个都是人类所追求的价值观。近代以来到今天，这两大思想线索非常明确。一大思想体系就是如何创造财富，从亚当·斯密、李嘉图到芝加哥学派，从古典自由主义到当代新自由主义，所讨论的都是如何追求和创造财富。另一大思想体系就是如何实现社会公平，贯穿在从近代的卢梭到马克思再到今天的一些法国思想家或者新马克思主义学者的论述中。西方到现在为止，这两条线还是分离的，处于深刻的对立之中。一个群体只强调如何创造财富，另外一个群体只强调如何实现社会公平，一直整合不起来，并且社会经常出现大的问题，甚至危机。经验地看，能够同时实现这两个价值的国家少之又少，只存在于北欧几个少数的较小的国家。比较而言，从历史上看，中国则是一直在努力追求两个价值的同时实现。

我认为，我们要接受马克思主义的价值体系，追求社会公平与正义，但是我们必须找到符合中国现实条件的方法。中国实践对马克思主义的贡献，从实践经验来说是非常丰富的，但是这些实践经验和贡献没有充分体现在我们的理论和认知上。当前我觉得如果要继续把马克思主义中国化，那就要进一步系统总结中国实践对马克思主义的贡献，总结毛泽东时代、邓小平时代、习近平新时代对马克思主义的贡献。中国以前有两种方法研究历史，即"我注六经、六经注我"。在革命时代，"六经注我"是正确的，即把马克思主义基本原理应用到中国实践，不是简单照抄照搬，而是通过将马克思主义基本原理中国化。但在建设时代，我们要采用"我注六经"的方法，即注重中国实践对马克思主义的贡献。在这方面，我们现在讲得太少，很多学者习惯于用马克思主义当时的一些观点来评判我们现在的实践。这在行动上经常产生负面的影响。我觉得我们今天应该倒过来，应该多讲中国实践对马克思主义理论的贡献，少用以前的观点方法来评判中国实践。

五、中国实践对马克思主义的贡献

中国实践对马克思主义的贡献与方方面面的经验需要总结，需要系统地梳理。我个人觉得至少在三个重大领域，中国实践对马克思主义的贡献非常重大。

第一，中国实践对马克思主义所有制理论的贡献。中国成功地发展出了混合所有制，并形成了以公有制为主体，多种所有制经济共同发展的基本经济制度，这是《宪法》所规定的。但是社会上很多人不见得有这样的认知，一些人动不动就妖魔化民营企业家和民营企业的发展。我认为这是思想上没有纠正过来的结果，是教条主义式的马克思主义、本本主义式的马克思主义影响的结果。马克思主义强调私有制所产生的问题，这是基于欧洲当时的历史情况。近代欧洲，从卢梭开始就认为私有制是人类一切罪恶的根源。马克思主义所产生的时代，欧洲所有制的主体就是私有制，所以他们认为只有通过消灭私有制才能实现社会公平。但是欧洲还有另一个极端，即强调"私有财产不可侵犯"。当代英美的新自由主义经济学的核心思想也是"私有财产不可侵犯"。很显然，纯粹的私有制并没有解决问题，这体现在西方资本主义今天所面临的各种问题上。但另一方面，从苏联和东欧国家的经验看，纯粹的公有制也没有解决问题。

其实，对这个问题，中国有自己的思考和实践。中国文明从一开始就不走极端，没有人认为私有财产神圣不可侵犯，也没有人相信简单的公有制就可以解决问题。中国先秦时期出现的井田制，已经开始考虑把公有制和私有制结合在一起。井田制，中间一块是公地，四周的八块是私地。中国现在的基本经济制度就是对马克思主义产权制度最大的贡献，更是对政治经济学的一大贡献。

第二，中国实践对马克思主义国家理论的贡献。马克思根据当时欧洲的经验认为，国家就是资本的代表和代理人，所以他把国家界定为资本主义、资产阶级的国家。这个论断就当时的西方国家而言是正确的，因为当时的议会、国会成员都是资本家和商人。但中国的国家是不一样的。现在中国这个国家是哪一个阶级的特殊代表吗？不是。国家政府代表着最大多数人的利益。马克思认为，从长远来讲，消灭国家，实现共产主义社会才可能实现社会公平。但是从现实经验来看，在经济领域，只有通过强化国家力量才能实现社会公平。马克思说国家是资本的代表，所以国家越强，社会越不公平。中国刚好相反，国家越强，社会越公平，因为国家政府有能力调节社会经济的发展。从中国过去40多年发展的经验来看，国家能力和社会公平之间的正面关联证据是非常充分的。

第三，中国实践对马克思主义阶级理论的贡献。在革命时代，马克思的阶级理论是正确的，因为革命往往意味着一个阶级反对另外一个阶级，解决"谁是主体阶级、谁是统治阶级"的问题。但是，在和平时代，没有一个政党会有意搞阶级斗争。在和平时代，任何政党的目标都在于阶级调和，化解阶级之间的矛盾。中国实际上就做到了。这么多年来，随着社会经济的发展，我们的经济利益在走向多元化，社会利益也在走向多元化，但是通过我们的制度优势，如人民代表大会制度、政治协商制度等，中国共产党能够在体制内协调不同的社会经济利益。

相比较，西方却陷入了阶级斗争。西方现在的民粹主义是不是阶级斗争呢？是典型的阶级斗争。美国、欧洲在二战以后，从1945年开始到20世纪80年代，中产阶级达到总人口的70%，这段时期，西方信奉凯恩斯主义，实行福利社会，实现了经济增长和社会稳定。如果一个社会的中产阶层有70%，像当时的美国，虽然共和党右一点，民主党左一点，但都要照顾到中产的利益，就不易走向极端。美国从20世纪80年代开始实行新自由主义经济政策，中产阶级萎缩到现在的不到50%的人口占比。所以共和、民主两党之争，就是以前马克思所说的阶级斗争。

全球化也影响了中国，我们的收入差距也不小，但是为什么我们没有像美国一样出现民粹主义崛起呢？因为中国共产党不代表任何一个利益集团，而是为全体中国人民着想。前面提到的"三个可持续"中，可持续的经济发展和可持续的社会稳定并不一定有正关联。英美等国家在过去40多年也有可持续的经济发展，但为什么没有可持续的社会稳定呢？就是因为像马克思所判断的，政府代表富人阶级的利益。中国共产党一方面鼓励和促进经济发展，培养了4亿中产，另一方面没有忘记大多数人民的利益，通过制度优势，在过去40多年使8亿人民脱离贫困，仅中共十八大以来就有近1亿人口脱离贫困，这些都是世界经济史上的奇迹。

今天，中国共产党更是超前地把共同富裕提到议事日程上来了。如前面所说，共同富裕是全人类的共同价值目标，也是马克思主义要实现的社会公正的价值，是一个世界性的议题。破解共同富裕问题必然成为中国共产党第二个百年对马克思主义的最大贡献。

六、浙江的地方实践意义

中国已经开始了通往现代化的新征程。为此，深圳、上海浦东、浙江分别被确立为中国特色社会主义先行示范区、社会主义现代化建设引领区、高质量发展建设共同富裕示范区。其中，就共同富裕来说，浙江高质量发展建设共同富裕示范区具有非凡的意义。深圳毕竟只是一个城市，上海浦东只是一个城市的一部分，而浙江作为一个省，既有城市又有农村，有发达地区又有比较落后的地区。如果浙江做到了共同富裕，对全国其他省市区绝对有参照意义，是可辐射、可推广的。总结好浙江的经验不仅有助于浙江的下一步发展，而且对整个国家也具有示范作用。

改革开放以来，浙江从资源小省发展成经济大省，且在探索解决发展不平衡、不充分问题方面取得了明显成效，兼顾了发展和公平。这种状态，从东亚文化的角度去看，与日本和亚洲"四小龙"的早期发展经验类似。尽管日本和亚洲"四小龙"后期跟随新自由主义经济路线导致社会矛盾激化，但他们早期在实现经济高速增长的同时也实现了基本社会公平，被学术界称为"公平的增长"。

无论是政治学、政治经济学、社会学、经济学，都可以对浙江经验好好进行总结。就社会公平问题而言，人们一直在讨论一次分配、二次分配和三次分配，这些都很重要。浙江能走到现在这一步，表明在这些方面都做得很好。据我自己的观察，浙江的发展主要有三点特色：第一是"上不封顶"，鼓励全体人民勤劳致富，不断做大"蛋糕"，增强社会经济整体实力。如今，浙江已经成为民营经济最为发达和营商环境最佳的省份之一。第二是"保底"，即着力把基本社会服务，包括医疗、教育、住房和社会保障等制度建设好，同时保障低收入群体和特殊群体的生存权和发展权。浙江在这些方面也作出了很多尝试。第三是"做大中等收入群体"，建设橄榄型社会。

浙江为什么能做到公平发展？如果再进一步观察和分析，还可以发现浙江处理好了很多重要的关系。

第一，政府与市场的关系。浙江呈现出"小政府、大社会"的特点。中共十八届三中全会所提出的"使市场在资源配置中起决定性作用和更好发挥政府作用"的目标已经在浙江践行。在浙江，"更好发挥政府作用"体现为政府在经济生活中的协调作用。浙江各地之间没有严重的恶性竞争。

第二，国企与民企的关系。国企强，民企也强，两者之间进行了有效的劳动分工，大规模的基础设施建设由国企负责，而大部分民生经济则由民营企业负责。即使是本来由国企负责的基础设施建设，浙江的民营企业也往往参与其中，这使得浙江能够有效动员和发挥民间资本的能动性。

第三，内资与外资的关系。浙江不排斥外资，但浙江的资本以内资为主。与外资相比较，内资更能把劳动关系处理好，也比较公平。浙江的劳动关系较之其他地区更为和谐。

第四，大型企业与中小微型企业的关系。不难发现，中国很多大型的民营企业都出自浙江，但同时，浙江的中小微型企业尤其发达。实际上，大量的中小微型企业是培植大企业的"摇篮"。

第五，制造业与服务业的关系。浙江没有片面地发展服务业，浙江的服务业是为制造业服务的。在学术界和政策研究界，不时有人参照西方发达国家的产业结构而提倡中国也应当追求达到这些发达国家的服务业水平。但浙江并没有这样做。浙江始终把发展的重点放在制造业上，因为他们意识到如果制造业发展不起来，那么服务业就缺失了最重要的服务对象。今天，没有人会否认服务业在浙江经济中的重要性，但必须指出的是，浙江服务业的重心在制造业。

第六，工业与农业的关系。浙江既是工业和制造业大省，也是农业强省。浙江地少人多的客观条件迫使人们去发展工业，但这绝不是说浙江不重视农业。在农业改革方面，从早些时候的社会主义新农村建设到今天的美丽乡村建设、乡村振兴，浙江都走在前面。农业在浙江经济中并未占很大的比重，就是说浙江并非农业大省，但浙江农村生活的富庶表明浙江是农业强省。

不过，更为核心的是浙江人的"加法精神"，具体体现为企业家精神和商业精神。企业家是要改变世界和改造世界的，而商业精神是要追求财富，这两方面浙江都做到了。浙江人每到一个地方都会增加和强化这个地方的经济强度（intensity）、广度（extensity）和深度（depth）。这是一种加法和增量经济，或者说，"做大大饼经济"。

　　总之，我们今天研究"共同富裕"，不能把它视为一种新的意识形态。一方面，要向国际社会取经，尽可能总结欧美发达国家"富而不公"的教训、日本和亚洲"四小龙"早期公平发展兼顾的经验；另一方面，要坚持把马克思主义原理与中国实际紧密结合。

　　当前中国面临的主要问题还是需要继续把"蛋糕"做大，在做大"蛋糕"的基础上把"蛋糕"分好。我们既不能学西方新自由主义的光做大"蛋糕"而分不好"蛋糕"，也不能学印度只讨论如何分好"蛋糕"却没有人做"蛋糕"，我们要走出中国自己的共同富裕道路。我觉得把浙江作为一个切入点来研究，至少从学者的角度、从学术的角度来说，具有非常重要的意义。

第二章
社会国家与共同富裕

今天，我们国家在全面建成小康社会的基础上已经把共同富裕提升为最高的议事日程之一。共同富裕不仅仅是中国所面临的课题，更是全人类所面临的课题。因此，如果中国建设成了共同富裕社会，那么就会具有普遍意义。也正是在这个意义上，我们需要从世界的角度来思考问题和寻找解决问题的方法，既要学习他国成功的经验，也要吸取他国失败的教训。因为我们把共同富裕定义为一种社会形态，所以有必要对共同富裕做些理论甚至是哲学的思考，否则社会各个部分很难对追求共同富裕的价值达成共识。

一、什么是社会国家

共同富裕的核心无疑是社会，共同富裕要通过一个社会和平的、可持续的发展来达成。无论是原始社会还是现代社会，社会首先应当是由人组成的共同体，而由这些人组成的国家也应当是社会国家。就其本质来说，所有国家都应当是社会国家。这里我想引入"社会国家"（social state）这个概念。在讨论之前，先要简单说明一下思考的方法论。我们这里暂时先不用"主义"（ism）这个概念，因为一旦上升到"主义"，这一概念就很容易演变成为一种意识形态，就会呈现出一套比较理想化的构想，使人陷入乌托邦式的思考。在社会科学中，乌托邦式的思考尽管不可避免，但这种思考对实践是有害的。客观地说，人类社会在政治上不可避免地会使用"主义"的概念，因为"主义"有一种引导性。如果政治是要改变一些事物，那么就必须具有引导性。不过，在政策层面则应当慎用"主义"。道理很简单，政策属于实践领域，在实践领域，很多事物并没有"主义"所具有的"非黑即白"的属性，或者说，所有的实践都具有多面性和综合性。一种实践中，不同的人们可以看出不同的"主义"属性。

国家（state）是社会（society）的一部分，所有国家都应当是社会国家。这意味着什么？这意味着国家必须维持人所组成的共同体，因为这个共同体一旦解体，国家也就没有了基础。很显然，这个共同体包含方方面面的力量，有经济的、政治的、文化的、宗教的、宗族的、中央的、地方的、中心的、边缘的、物理的、心灵的，等等。在常态下，这些方方面面处于一种均衡状态。均衡状态也可说是"自然状态"。中国古代以老子为代表的哲学家相信存在着这样一种"自然状态"，因此提倡"无为"，也就是不要人为去干预社会自然形成的这种"自然秩序"。

西方的古典自由主义也具有类似的思考和思想。不过，经验地看，这种自然状态可说是一种理想状态，要维持这种状态虽说不是不可能，但也是相当困难的。因为社会国家中的各种因素都处于互动过程之中，在力量旗鼓相当的时候，均衡可以达成和维持；一旦一些力量上升，另一些力量衰落，那么均衡就会被打破。

也就是说，如果这些方方面面的任一方面占据绝对主导地位，那就表明社会处于失衡状态。这方面，历史为我们提供了丰富的经验教训。

二、资本国家如何形成

在欧洲的中世纪，宗教的主体是教会，教会又成为社会的主体，其他力量屈服于宗教力量，从而进入了欧洲人后来所说的"黑暗时代"。到了西方文艺复兴的前夜，宗教作为社会的主体被视为缺少合法性与合理性，因为宗教原则不符合人性。文艺复兴被视为西方把社会重心从"神"转向"人"的起点。从文艺复兴到启蒙运动这一阶段，无疑是欧洲历史最光辉的一页，也是世界历史最光辉的一页。

在从"神"到"人"的这一转型过程中，初生的资本扮演了一个关键角色，人们甚至可以说，这个转型既是资本推动的，也是资本自身的需要。的确如此，中世纪晚期和近代早期以来，随着城市的兴起和资本的崛起，资本很快成为社会的主体。资本不断挣脱其他力量，包括宗教、政治和社会对其的制约，从而主宰了社会。当资本成为主体的时候，社会就演变成马克思当年所描述的"原始资本主义"社会。这也是经济史学家卡尔·波兰尼所描述的"脱嵌运动"，即是说，经济本来是社会的一部分，是嵌入于社会之内的，但现在经济和社会分离，市场成为自主的力量，经济和社会便剥离开来。资本的"脱嵌运动"很快就导向了"反脱嵌运动"，即后来所说的"社会主义运动"。

也就是说，社会主义是对资本主义的反动。实际上，当经济和社会处于均衡状态的时候，世界上本来就没有"主义"，无所谓"资本主义"，或者"社会主义"。但当资本占据绝对主导地位的时候，社会就失衡了。基于社会主义意识形态之上的社会主义运动要求把社会的重心从资本转移到社会，从资本国家转型成为社会国家。从此以后直到今天，这个世界便是两种主义，即资本主义和社会主义的较量。在此应当强调的是，无论是资本主义还是社会主义，近代以来都产生了很多变种，不同国家发展出不同版本的资本主义或者社会主义。

一种实践或者运动，一旦上升到"主义"，就会导向人们对一种理性社会的向往和追求。经验地看，不乏一些国家试图建立理想类型的资本主义或者社会主义。不过，这些实践的效果并不佳，有些甚至是失败的。在今天的世界，美国被视为资本主义的典型，尽管在20世纪30年代的大萧条时期，美国也盛行凯恩斯主义，政府干预经济。从二战结束至20世纪80年代，凯恩斯主义在美国的经济和社会发展过程中扮演了很重要的角色，基本上维持了资本和社会之间的平衡。但自20世纪80年代开始，美国奉行新自由主义经济学，政府实行放任自由主义。尽管经济获得了发展，但随着重心过于倾向于资本，社会很快失衡。这也是今天美国民粹主义崛起的根源。

苏联和东欧国家版本的社会主义是另一极端，但无疑是失败的案例。如果说美国是资本占据绝对主导地位，那么苏联和东欧国家便是国家占据绝对主导地位。苏联模式的初心无疑是追求社会主义，即建设一个社会国家。但是，这个过程是国家主导的过程，最终演变成为国家主义。国家主义的核心是建立在公有制基础之上、由官僚体制运作的计划经济。在学术界，人们称苏联为"官僚国家"。应当肯定的是，这一模式在早先阶段还是取得了很大的成就的，整体社会受惠于其所推动的经济转型和发展。此外，尽管计划经济并没有像预先设想的那样实现社会公平，但苏联和东欧社会主义国家的财富差异和社会分化要远比典型资本主义国家低。苏联模式如果能够履行其初心，即国家"还政于民""还权于民"，建设一个社会国家，那么其后来的历史可能就不是人们所看到的那样了。不过，应当强调的是，苏联和东欧版本的社会主义的失败并不表明社会主义本身的失败。正如资本主义具有多样性，社会主义也具有多样性。这一点我们下面分析中国社会国家的时候会再次强调。

欧洲大陆尤其是北欧逐渐演化出另一种版本的资本主义或者社会主义，在学术界，人们称之为"民主社会主义"或者"社会民主主义"，但实际上是资本主义吸收了一些社会主义的成分。欧洲社会的主体仍然是资本，社会仍然是依附于资本的。整个西方依然是资本国家，对此学术界并无任何异议。

在讨论西方的资本国家的时候，我们必须探讨一下社会的角色。西方国家的政府一直以民主来论证其政权的合法性。"民主"就其本质来说，意味着它是社会国家，而非资本国家。但资本国家意味着资本而非社会是国家的主体。这里我们可以看到一对矛盾：资本主导的国家何以成为民主国家或者社会国家？近代以来，在西方的话语中，民主成为整个西方政治话语的核心，民主被用来解释经济增长、公平、正义、人权等几乎一切社会、政治、经济现象。但是，无论在理论上还是在实践中，"资本"和"民主"依然是一对深刻的矛盾，两者之间并不必然具有一致性。

如何解释这一对矛盾？这里的关键是"社会"定义的变化。无论是资本、政治还是社会团体（群体），都是社会的一部分，不管是处于均衡状态还是失衡状态。在西方，当人们讨论"社会"时，最常用的概念便是"市民社会"。市民社会概念兴起于中世纪晚期和近代早期。直到今天，在西方，市民社会一直被视为是建制的对立物，也就是说，市民社会是反对建制的。早期西方的市民社会的主体是资本，这是因为当时资本是抗衡宗教和专制王权的主体。我们在读马克思著作的时候会发现，马克思所说的市民社会的主体便是资本。其实，在马克思之前，黑格尔就已经把"资本"定义为"市民社会"了。市民社会本质上是一个与政治国家相对应的经济体。

市民社会的概念实际上是对欧洲历史经验的描述。罗马帝国解体之后，欧洲进入日后人们所说的"黑暗时代"的中世纪，宗教成为社会的主体，当时的欧洲可以称之为"宗教社会"

(religious society)。但是宗教社会并没有演变成为宗教国家。宗教没有国界，中世纪欧洲的主体制度是封建制度，地方性的政权被称为"王国"（kingdom）。在中世纪后期，西欧城市国家崛起，城市国家的主体便是当时的商人群体。城市国家也是欧洲资本主义萌芽的平台。从政治上说，西方的近代史是从国王和商人联合反对当时的"建制派"（即封建制度）开始的。国王需要更多的土地和人口，这可以通过打破封建格局、统一国家来达成，而国家统一的目标也是商人的目标，因为对商人来说，统一的国家意味着统一的民族市场。无论国王还是商人，大家都不认为宗教统治和封建统治是合法合理的，是"自然状态"。国王借用商人的力量，商人全力支持国王统一国家，两种力量的结合促成欧洲确立了绝对专制主义。绝对专制主义是欧洲近代国家的起源，并且被证明为历史的必然和必要。从意大利的马基雅维利到英国的霍布斯都是主张绝对专制主义的，因为对他们来说，一个社会如果不能建立起绝对专制主义政权，那么就会处于"一切人反对一切人的战争"的无政府状态。只有绝对专制主义才有能力和宗教斗争，才有能力和封建斗争。

从制度层面看，西方近代国家的大多数基本国家制度都是在绝对专制主义这个阶段通过国王和商人群体的互动建立起来的。国王的统治往往表现为专制和人治，国王是核心，贵族是主体。但在商人们看来，国王和贵族的这种基于"血液"继承之上的政权并不是"自然"的，缺少合法性与合理性，政权真正的基础应当是"金钱"，因为"金钱"意味着商人自己的努力和劳动。因此，商人（和后来的各种资本）不仅帮助国王与宗教和封建制斗争，更为自己的权利和实现自己最终的统治权而斗争。国王为了统一国家需要钱，钱从哪里来？商人承担了提供"钱"的任务。但是，商人不仅要考量国家的统一，而且要考量如何把"钱"收回来，契约由此而生。契约就是商人与国王之间的合约，商人借钱给国王，同时国王要承认商人的"私有财产神圣不可侵犯"。但对商人来说，有这一契约还远远不够。如何保证国家统一之后，国王不会滥用权力来侵犯商人的权利呢？要保证这一点，商人就要占据立法权，即控制议会。的确，在西方近代政治产生早期，议会中充斥着商人。马克思因此把西方民主称为"资产阶级民主"，因为议会的主体是商人。

因此，从制衡王权的角度来说，资本的确是当时市民社会的主体。无论是"私有财产不可侵犯"还是控制议会，这些都是保障资本的权利的制度性手段。在这个过程中，资本逐渐主导政治，使得政治成为服务于资本的工具。这也是马克思把国家视为资本的工具的原因。

由此，资本主义在西方得到确立。"资本主义"这个概念至少表达了两个层面的意义：第一，西方社会成为资本国家（capital state）；第二，资本国家之所以被塑造成为资本主义，就是因为资本不仅仅成为一种硬力量，即资本掌控了国家的经济力量，而且成为一种软力量，即人们接受了资本国家是一种"自然"的状态。"主义"即是意识形态，表明这种主义为社会所普遍接受。

也正因为这样，近代世界在工人阶级崛起之后，资本就和市民社会剥离开来，或者说，资本和市民社会脱钩了，不再是市民社会的一部分，更不用说是市民社会的主体了。工人阶级是近代以来工业化的产物。当国家成为资本国家的时候，资本就成为建制派了，工人阶级就成为市民社会的主体，也是反对和制衡资本的主体。市民社会之所以成为市民社会，就是因为西方国家不是社会国家，而是资本国家。在资本国家里，资本永远是"第一秩序"，社会依然只是"第二秩序"。

三、西方赋权社会的方式

资本为了稳定社会，采用各种方式来实现（至少看起来实现）资本和社会之间的平衡。最明显的便是暴力。西方一直强调"法律和秩序"（law and order），而支撑法律和秩序的则是暴力。包括卡尔·马克思和马克斯·韦伯在内的西方思想家都认为，对暴力的垄断是近代国家最主要的特征。

但是，如果人们仅仅看到暴力的使用，那就大错特错了。总体上说，尽管西方国家至今都没有放弃使用暴力来维持法律和秩序，但近代以来，西方国家使用暴力总体呈现减少的趋势，至少他们需要考量慎用暴力。其他的方法更为重要，那就是有条件地、有选择地赋权社会，让社会力量扮演一个重要角色。

第一，逐步扩大选举权。扩大选举权意味着资本在可以掌控的情况下逐渐与工人阶级分享政治权力。一战和二战以来，普选权逐步扩展至工人阶级，先是男性，后是女性。至20世纪70年代，西方国家普遍地把普选权扩展到了包括少数族群在内的几乎所有社会群体。不过，应当强调的是，普选权的扩展与其说是资本的主动分享，倒不如说是工人阶级主动争取的结果，争取普选权的过程也是充满暴力的过程。

第二，慈善社会的崛起。我们今天称为"第三次分配"的慈善是资本的自愿行为。资本为什么会有这种自愿的行为？除了出于人性对社会声望和荣誉的追求之外，最为重要的原因是，慈善活动是对资本主义的补充。简单地说，这是一种花钱消灾的行为，或者以小恩小惠收买人心的行为。资本需要一个稳定的环境，因为只有在稳定的形势下，未来才是可以预期的。如果能够用钱来买稳定，何乐而不为呢！①早期的慈善行为更多的是出于宗教信仰和关怀，现代社会已经发展出各种理论来支持资本的慈善行为，尤其是"企业的社会责任"理论。

应当强调的是，慈善不是政府责任的一部分，而是完全属于社会组织的责任。政府可以通过立法、税收等手段容许和鼓励社会组织履行慈善功能，但政府本身不可以替代社会组织承担慈善责任。从这个角度来说，今天我们使用的"第三次分配"的概念并不是那么准确，因为"分配"往往是政府的角色。近代以来，只有政府才具有合法性来承担分配的角色。经验地看，世界范围内，政府是分配的主体，可以说垄断了分配功能。其他组织的"分配"，包括企业的初次分配和慈善组织的"第三次分配"，都不具有垄断性。

---

① 这一观点是郑之涵(Katherine Zhihan Zheng)在和我的一次讨论中提出来的。在此记录以怀念她。

　　第三，建设福利国家。福利国家致力于我们今天所说的"第二次分配"，即国家通过税收和财政政策对一个国家的收入和财富进行重新分配，以实现最低限度的社会公平和正义。福利国家的逻辑和慈善社会的逻辑是一样的，而且从慈善社会向福利社会的转型也是必然的。对一个社会来说，慈善行为是少数富人的行为，不具有系统性，只能是少部分人受惠。近代以来，在工业化和城市化的推动下，社会变得流动起来，面临系统的不确定性。尤其是在资本主义早期，工业化导致了越来越多人口的贫困化和悲惨化。马克思认为，资本主义是一种自掘坟墓的制度，意思是资本主义孵化了一个无产阶级，而无产阶级的贫困化和悲惨化，最终会导向一场意在消灭和摧毁资本主义的革命。福利社会的起源便是为了社会的稳定，而非别的。后来人们把福利社会的产生和民主化联系起来，认为福利社会是民主化的产物。但在做这种联系时，需要特别小心。世界上第一个社会保障计划是俾斯麦专制德国的产物，与民主毫无关系。但民主化的确有效推动了福利社会的进程。新加坡的李光耀先生曾经说，西方民主已经演变成"福利拍卖会"，指的就是这种现象。政治人物为了选票，纷纷"竞拍"福利，谁的叫价高，谁当选的可能性就高。从这个意义上说，民主是西方社会陷入福利陷阱的主要动力。也有人把福利社会称为"懒人社会"。高福利社会如何实现可持续发展？这是西方福利社会普遍面临的一个问题。

　　但不管怎样，福利社会促成了资本和社会之间的相对均衡。欧洲的一些国家，尤其是德国，因此把自己的国家称为"社会国家"，而把自己的市场称为"社会市场"。但不管使用怎样的概念，这些国家的主体依然是资本，这些国家依然是资本国家。所谓的"社会国家"并没有坚实的经济基础，更多是资本为自己塑造软力量的作为。不过必须承认，欧洲福利社会较之美国社会更为稳定。今天美国的民粹主义崛起就是资本和社会高度失衡的结果。如何实现资本和社会之间的相对均衡，这是美国社会所面临的最大挑战。

从以上的讨论中，我们不难看到，我们在思考中国版本的"社会国家"时，必须超越西方"市民社会"这个概念。西方"市民社会"不是我们这里所讨论的"社会国家"，尽管如上所述，德国等也使用"社会国家"的概念，但这里的"社会国家"在本质上是"福利社会"的代名词。西方的市民社会只是社会中的一个角色，并不是主体。再者，西方的市民社会是反建制的，这种局面也是由市民社会不是西方社会的主体决定的。在中国，社会国家表明社会而不是资本或者其他别的，是社会的主体；而正是因为社会国家的主体是社会，社会不再扮演西方市民社会的反对建制的角色。

四、如何构建中国的社会国家

那么，如何构建中国的社会国家呢？这是一个需要很多研究的课题，但我们至少可以从如下几个方面来考虑。

第一，从结构上说，社会国家要求政治、经济和社会群体之间的平衡。今天的中国从改革开放之前苏联式的"官僚国家"演变而来。这里应当说明的是，苏联的改革之所以失败，中国的改革之所以成功，主要原因在于两国"官僚国家"的程度很不相同，苏联是典型的官僚国家，而中国的官僚国家程度很低。新中国成立后，毛泽东最为关切的就是如何避免中国共产党所领导的国家成为"官僚国家"，这种关切导致毛泽东发动了数次分权运动，促成了中国和苏联体制的不同。例如，苏联和改革开放前的中国同样实行计划经济，但苏联是高度集权的中央计划经济，而中国实行的则是高度分权的地方计划经济。苏联的中央官僚机构掌控了绝大部分经济资源，而中国则是各级地方政府掌控了绝大部分经济资源。结果，苏联的私有化改革导致寡头经济的崛起，而中国的分权改革导致笔者早年所说的"行为联邦主义"或者经济学家们所说的"财政联邦主义"的崛起，有效促进了经济的发展。也就是说，苏联的官僚国家没有能够"还权于民""还政于民"，最终走向失败，而中国通过"还权于民"和"还政于民"，逐步地向这里所说的社会国家靠近。

不过，必须客观承认，迄今我们还没有改变"大政府、小社会"的局面。经验地看，这种局面也经常造成"弱政府、弱社会"的局面。政府不仅理论上是"无限政府"，具有无限责任，在实践层面也是"无限政府"，承担无限责任。如果政府什么都管，很容易造成什么都管不好的结果。这种局面应当避免。此外，还有两种局面也是应当避免的，即"强政府、弱社会"和"弱政府、强社会"。"强政府、弱社会"是苏联和东欧模式的主要特征，而"弱政府、强社会"是很多经济不发达的发展中国家的主要特征。苏联和东欧的"政治国家"已经解体。在很多经济不发达的发展中国家，政府很弱，但社会很强。不过，这里的社会往往是非常传统的地方社会，甚至是地方性政体，类似于欧洲的中世纪，既不利于统一国家政权的形成，也不利于经济的发展。

最理想的是在"小政府、大社会"的基础之上形成"强政府、强社会、强资本"的均衡状态。这表明，政府、资本和社会之间实现了合理的劳动分工，在自己的领域各司其职。经验地看，在东亚文化的环境下，这种理想是可以实现的。二战之后，日本和亚洲"四小龙"经济体就实现了"公平的增长"，而"公平的增长"背后便是强政府、强资本和强社会。较之日本和亚洲"四小龙"，中国具有更强的制度优势，即三层资本结构。数千年来，中国形成了由国有资本、民营资本和国有民营混合资本形成的三层资本结构，以及建立在这三层资本基础之上的三层市场。处于最顶层的是国有资本，而处于底层的是以中小型和微型企业为主的民营资本，处于中间层的是国有和民营的混合资本。从今天的现实来看，国有资本的责任重大，承担军事国防建设、大规模的基础设施建设、提供公共服务、救灾、应对经济危机、稳定（平准）经济等责任，而大部分竞争性领域尤其是民生经济，则由民营资本来负责。混合资本在不同的时候发挥不同的作用，在一些时候，国有资本可以吸纳民营资本一起来运作，将一些本来由国有资本来运作的领域委托给民营企业来运作；在另一些时候，国有资本渗透到民营资本以保持国有资本和民营资本之间的平衡。中国改革开放以来之所以能够实现经济的快速增长，创造诸多世界经济奇迹，和这三层资本结构分不开。例如，尽管全球化给所有参与全球化的国家造成了财富和收入分配的高度不公和社会的高度分化，但中国借助国家的力量通过大规模的扶贫实现了基本社会公平，从而保持了社会的可持续稳定，而美国社会由于资本主导，政府没有能力实现基本社会公平，导致了民粹主义的崛起。

应当指出的是，三层资本结构的优势并不意味着三层资本结构处于一种理想状态。中共十八届三中全会提出，在资源配置过程中市场要起决定性作用，更好发挥政府作用。这是个大方向，很多方面仍然需要细化。事实上，三层资本结构还有很多改善空间，如各自的边界在哪里？各自的责任有哪些？如何保障各自的边界不被"侵犯"？如何与时俱进调整边界？所有这些问题都需要在实践中得到解决。

第二，社会国家需要一整套制度基础。在近代之前，中国长期处于农耕文明状态，社会主要由"士、农、工、商"四个社会阶层构成。"士"属于统治阶层，"工"和"商"的经济地位实际上远较"农"高，但被置于较低的位置。不可否认，"士农工商"也是传统儒家的统治意识形态。之所以把"农"提到这么高的位置，其初衷还是要实现社会国家，即要使占据人口大多数的"农"成为社会的基础。为了保障"农"这个基础，国家在土地上做文章，因为土地是传统社会最重要、最主要的生产资料。把农民和小块土地绑在一起构成了人们所说的"小农社会"，但这种制度安排是为了社会稳定，避免大规模的流民的出现。用今天的话来说，小农制度安排既是一种就业安排，也是一种生计经济安排。在实践中，小农社会的制度安排经常被破坏和毁灭，一旦政治（士）和社会，或者资本（商）和社会之间的关系失衡，便会出现大规模的土地集中现象，最终导致新一轮的政治变化，即"改朝换代"。

近代以来，随着工业化和城市化的进展，社会演变成为流动社会，越来越多的人口不再和土地有关。这就需要寻找其他的社会国家的基础。从世界范围来看，这些基础便是涵盖社会保障、医疗、教育和公共住房等方面的一系列社会制度。从欧洲产生的社会主义思潮的主要内容也是这些。中国古代的"大同社会"理想也不外乎这些。很显然，这些制度的构建既可以帮助人们脱离贫困，也能够保障中产社会的生产和发展。因此，人们可以把这些制度称为"共同富裕"的基本社会制度，也是社会国家的基本社会制度。

第三，社会国家要有政策基础。社会国家需要对各类政策进行与时俱进的调整，以保证经济、社会和政治的均衡发展。例如企业政策方面，社会国家要求有效的政策推动中小型和微型企业的发展，因为这些类型的企业发展有助于解决就业和培养税基。就业是人们所说的"初次分配"，如果初次分配不能实现社会公平，那么再有效的二次分配和三次分配都难以实现社会公平。同样道理，社会国家要求有效的反垄断政策。一旦形成垄断，企业便开始通过寻租来谋求生存和发展，这会扼杀创新。反垄断就是为了给中小型和微型企业创造生存和发展空间。再如税收政策，社会国家需要有效的税收政策来保护社会底层，同时培养和壮大中产。就阶层而言，社会国家的主体阶层应当是中产，形成人们所说的"两头小、中间大"的橄榄型社会形态。经验地看，这种橄榄型社会形态并非自然形成的秩序，而是需要通过诸多政策干预才可能形成。

第四，社会国家更需要社会组织的主体性。如前所述，社会国家的社会组织不是西方对立性的"市民社会"组织，因为既然社会本身是主体，是建制的一部分，那么反建制就不符合逻辑了。社会国家的社会组织表现为以下几个特征。首先，自治。自治表明能够在没有外力干预的情况下形成自己的秩序，这是一个规则社会。其次，有序参与政治和经济活动，各个社会群体根据自身的定位履行一个社会正常运作所需要的责任。再次，"帮助之手"（helping hand）。与西方的"市民社会"相反，社会国家的社会组织无论于政治、于经济，还是于社会，都扮演帮助之手的角色。社会组织的责任是社会改进和改良，而非激进的革命。

概括地说，共同富裕是人类普遍追求的共同价值。官僚国家（苏联模式）已经失败，而资本国家（美国模式）又面临严峻挑战，前途未卜。我们相信，社会国家模式有助于共同富裕的实现。经验地看，中国所具备的制度优势使得中国最有可能实现社会国家模式。

今天世界各国，无论是哪一种体制，无论是穷国还是富国，无论是北半球还是南半球，财富和收入分配的高度不均都导致了社会的高度分化，众多国家民粹主义思潮崛起，民粹政治盛行。历史地看，民粹主义既是国家内部社会不稳定的根源，更是国家间冲突乃至战争的根源。中国自改革开放以来，通过政治、资本和社会的协调发展，不仅实现了高速的经济发展，而且也实现了基本的社会公平。在这个基础上，我们有必要再向前看，向社会国家迈进。人们也有理由相信，人类最优的制度既非苏联式的官僚国家，也非美国式的资本国家，而是以社会为主体的社会国家。德国等欧洲大陆的一些国家已经以他们的方式向社会国家迈进，中国的社会国家模式从长远来看，必然成为另一种选择模式，并且因为我们此处所说的制度基础，较之德国等基于资本之上的社会国家更具有可持续性。

第三章
共同富裕与中国经济发展前景

　　20世纪80年代中期，邓小平先生提出"一部分地区、一部分人可以先富起来，带动和帮助其他地区、其他的人，逐步达到共同富裕"，为当时的改革开放指明了方向。在过去的40多年里，"让一部分人先富起来"成为改革开放的一个重要指导思想，为中国企业的发展提供了有效的政策环境，企业成为中国社会经济可持续发展的主体。进入新时代，共同富裕已经成为中国经济社会发展的最高议程之一。2021年12月召开的中央经济工作会议提出了当前必须正确认识和把握的五个新的重大理论和实践问题，其中以共同富裕问题为首。针对实现共同富裕，会议指出，要先把"蛋糕"做大做好，再把"蛋糕"切好分好，处理好效率和公平的关系，充分考虑目标的长期性和复杂性，坚持尽力而为、量力而行。实际上，其他几个问题包括如何对待资本（既要发挥其积极作用，也要有效控制其消极作用，为资本设置"红绿灯"，坚持"两个毫不动摇"）等，也是围绕着实现共同富裕而展开的。无疑，共同富裕将成为中国未来30年最核心的发展目标和最大的发展任务。

如同当年的"让一部分人先富起来",共同富裕将决定和影响今后很长一段历史时期中国企业发展的政策环境。从行动逻辑上说,"共同富裕"和"先富起来"不同,"先富起来"是分权式的,鼓励人们通过个人的努力而致富,而共同富裕的要点在于"共同",即所有人共享发展成果。因此,共同富裕较之"先富起来"会对整个社会产生更深刻和深远的影响。

在提"让一部分人先富起来"的时候,我们主要探讨的还是如何创造财富。现在提共同富裕,很多人就有点担心,担心这是不是意味着从生产转向了分配,而注重分配是不是意味着要回到"劫富济贫"的时代。最近我接触了很多企业家,大家对共同富裕很不了解,也很担心。最近政府针对一些不规范的现象,在一些民营企业领域,主要是教育培训、房地产、互联网科技三个领域,推出了一系列整顿举措。因为这些领域都出现了一些问题,甚至是严峻的问题,无论从现实还是未来发展来说,这些整顿举措都是很有必要的。从长远来说,这些举措是为了给民营企业提供更强健的制度基础,引领民营企业健康发展。但是在整顿民营企业的过程中,有些地方我们还是可以反思的,本来可以做得更合适、更到位。比如各级政府没有把整顿民营企业的政策意图讲清楚,让大家明白这样做到底是为了什么;方法过于简单粗暴;没有有效地管控好社交媒体,不少社交平台上充斥着一些对民营企业和民营企业家的指责和偏见。这一方面给西方反华势力攻击和污蔑整顿政策提供了机会,同时也给一些民营企业家造成很大的心理压力。

更重要的是这段时间所争论的三次分配和共同富裕之间的关系问题。把三次分配和共同富裕之间的关系搞清楚，无疑有助于我们认清如何实现共同富裕，但从目前的争论来看，很多人对这个问题的认识仍然是肤浅的。如果认识不够清楚，那么就必然会影响到共同富裕的实现。今天，在思想层面，出现两种极端的声音。一些人简单地把共同富裕等同于第三次分配，即把财富从富人手中转移到社会，结果对一些企业尤其是大企业造成了巨大的社会压力，他们通过大额捐款来缓解自己的压力。在社会层面，一些人听到提"第三次分配"，就误以为是要搞"劫富济贫"的运动了。这种思潮确实在一些企业家中间造成了不确定性和恐慌。而另有一些人则认为，如果现在讲共同富裕，那么中国是不是有可能要陷入中等收入陷阱，从而简单地把共同富裕与陷入中等收入陷阱等同起来。共同富裕并不是劫富济贫，共同富裕也不会导向中等收入陷阱。无论从理论上还是实践经验上看，目前流行的这些观点都是不正确的。之所以产生这些现象，主要是因为我们还没有在理论上搞清楚共同富裕的概念及其内涵。

这里涉及很多互相关联的问题，包括：什么是共同富裕？实现共同富裕的路径和手段是什么？实现共同富裕在国际上有哪些经验可以借鉴？中国在实现共同富裕上有哪些比较制度优势，所面临的挑战是什么？实现共同富裕对中国的企业会产生什么影响？从世界范围看，共同富裕是一个世界性的问题，并不专属于中国。中国要实现共同富裕，必须借鉴世界上那些已经实现共同富裕的国家的经验，同时也要吸取那些在这方面失败了的国家的教训，立足中国实际，走出自己的路来。

一、准确理解共同富裕的内涵

首先，我们必须在认识层面、在理论上搞清楚共同富裕到底是什么。共同富裕的概念看似简单，容易理解，但在不同的文明和文化中，人们对共同富裕的理解是不同的。在中国的语境下，有几点是清楚的。

第一，共同富裕是中国社会所认同的一种理想社会状态。从传统文化"大同社会"的理念到今天的社会主义理念，里面都包含着共同富裕的价值追求，即要实现全体人民的富裕。因此我们说，共同富裕是社会主义的本质要求。实际上，如前面所讨论过的，人类自产生以来到现在，始终面临着两个主题，两个经常互为矛盾的主题。第一个主题是如何创造财富，第二个主题是如何分配财富以实现社会公平。无疑，从哲学层面看，追求财富和追求公平，两者都符合人性，都是人性的一部分。共同富裕刚好把"追求财富"和"追求公平"两个价值目标合二为一了。经验地看，追求一种价值就已经是一件困难的事情，追求财富有困难，实现公平也很困难，而把两者结合起来同时追求则更为困难。直到今天，这个世界上实现了共同富裕的社会少之又少。有的社会确实富裕起来了，但是不公平；更多的社会还处于贫困状态。但不管怎样，正因为共同富裕符合人性的价值，尽管追求的过程会很艰难，但对我们人类来说，它依然是一个非常具有吸引力的理想，人们也不会停止对它的追求。

第二，从经验上看，共同富裕不是平均主义，也不是均贫富。根据人类学家的大量研究，平均主义和均贫富可能在一些原始部落社会，一些很小的社会曾经存在过，原始社会以后，这种状态已经消失了。但均贫富作为一种理想和价值留存下来，表现在对社会公平的追求上。中国社会经常倾向于强调平均主义，中国在这方面有强大的文化传统。儒家经典强调"不患寡而患不均"，历史上也有这种平均主义的实践。但无论是在中国本身还是世界范围的尝试，均贫富的结果都是大家共同贫困。中国改革开放之前的计划经济时代，我们也尝试追求均贫富，结果导致了普遍的贫困。

第三，尽管追求公平很困难，但任何一个社会必须具备基本的社会公平与正义。均贫富是乌托邦，但是一个社会如果过于分化，贫富悬殊，那么这个社会就会潜藏很多冲突和危机，很难成为一个共同体。打个简单的比方，大家在同一个社区居住，有的人很富裕，有的人很贫困，那么这个社区就会很不安全，穷人不被关心，会感到不公，怨气重重，富人也会感觉不安全；社会也一样，它是一个共同体，这个共同体不能太过于分化，应该有一些基本的社会公平。

第四，共同富裕是一个很长的历史过程，要通过发展来逐步实现。共同富裕是人类的理想，人们对此的追求从来没有停止过，从经验来看，共同富裕也确实不是乌托邦，有它的现实可能性，因为也有一些社会，像北欧一些小的国家确实实现了我们所说的共同富裕。但即使是现在大家所羡慕的北欧这些社会，也是经历了很长时间的探索才达到现在这种状态的。这些社会从近代开始就发展，中间也有起伏波折，直到今天才实现了共同富裕。可想而知，像中国这样的超大社会，实现共同富裕需要更长的时间。

第五，共同富裕也是一个动态起伏的过程。社会的经济发展是曲线型的，就像股票市场，人们不要幻想永远上升。共同富裕的实现不会是直线上升的，而将是上下起伏的，没有一个社会可以保持永远的富裕；即使有了财富，财富也会有再次失去的可能。1997年发生了亚洲金融危机，结果印尼苏哈托政府倒台。危机爆发前，印尼在苏哈托的领导下发展得非常好。苏哈托倒台之后，印尼一下子又回到了20多年以前的状态。无论是1997—1998年的亚洲金融危机，还是2007—2008年的世界金融危机，原先已经发展起来的一些社会，在遭遇金融危机之后，又重新回到贫困状态。一些社会在危机之后能够很快得到恢复，另一些社会则陷入长期的衰退。也有一些社会，比如美国社会，尽管又富裕起来了，但是贫富差距非常大，社会高度分化，人们找不到可以实现共同富裕的办法。

第六，共同富裕是一种包容性、开放式的发展。共同富裕不是均贫富，但是先富裕起来的社会主体不至于垄断发展的成果，而没有富裕起来的社会群体也不至于没有机会去致富。因此，今天我们讨论社会分层化和社会固化的问题是有道理的。社会不能固化，如果固化了就麻烦了，因为这意味着先富裕起来的社会群体倾向于垄断发展成果。要实现共同富裕，必须形成一种包容性、开放式的发展。如何实现这种性质的发展？每一个社会都需要根据自己的情况找到适合自己的发展路径。对于中国来说，要实现这种包容性、开放式的发展，必须处理好三个主体之间的关系——企业是经济主体，政府是政治主体，人民是社会主体，保持这三个关系间的均衡。

二、中国共产党为什么要追求共同富裕

第一，因为中国共产党是一个使命型的政党。中国共产党和西方的政党不一样，西方的政党靠选票上台，参加选举的政党，在100张选票里面拿到51张，就有了合法性来执掌政权。中国共产党不一样，它是依靠履行对人民的承诺来赢得民心的，合法性来自于实现它的使命。所以我们看到中国共产党的每一个历史阶段都有它的使命。革命时期有自己的使命，就是要建立一个新中国，实现民族独立、人民解放。新中国成立之后探索国家发展的过程当中，我们确实是走了一点弯路，犯了严重的错误，但有一点很确定，就是毛泽东这一代人，是在努力探索中国社会主义发展的路径。没有人说搞"大跃进"和"文化大革命"是毛泽东为了他个人的利益，这一点大家有共识。中共十一届三中全会之后，以邓小平为代表的中央领导集体，解放思想，实事求是，作出把党和国家工作中心转移到经济建设上来、实行改革开放的历史性决策。我觉得邓小平是为了解决贫困社会主义的问题，他认为贫困不是社会主义的本质特征，

社会主义要解放生产力，发展生产力，消灭贫穷，并提出让一部分地区、一部分人先富起来，带动和帮助其他地区、其他的人，逐步达到共同富裕。所以我们可以把社会主义称为发展型的社会主义。当前中国已基本完成"让一部分人先富起来"的任务，进入第二个百年，中国共产党的任务就是要继续带领人民实现共同富裕。这一点很重要，推进共同富裕不仅仅是经济发展的问题，还关涉中国共产党的执政基础问题。

第二，共同富裕就是中国梦。我们今天讲中国梦，我想富起来和强起来是每一个中国人的中国梦。我前面提到的传统大同社会的理想，到了今天依然还是中国人的梦想。近代中国国门被西方国家打开之后，什么思潮都进来了，可谓百花齐放、百家争鸣。民国时期西方有的主义，中国都有，自由主义、民族主义、资本主义、社会主义、无政府主义，什么主义都有。但为什么只有社会主义留下来了，其他主义最后都消失了？原因很简单，社会主义的理念和中国传统的大同社会理想是吻合一致的。近代思想家康有为还编著了《大同书》，重申并发展了古已有之的"大同理想"，影响深远。孙中山先生所倡导的民主革命纲领三民主义的最高理想，便是"孔子所希望之大同世界"。正是因为社会主义思想和中国古典理想社会的设想具有一致性，中国才接受了社会主义，拒绝了其他的主义。

第三，共同富裕是社会的生存和发展所需。改革开放以来的40多年里，我们确实取得了非凡的成就，从一个非常贫困的社会上升到现在的世界第二大经济体。但是我们还不能过于骄傲，尽管我们的中产规模达到了4亿人口，但按照比例来说还只占总人口的30%左右，而从世界范围来看，一般中产社会，中产规模占总人口比需要达到60%—70%，我们的比例还小。我们现在很多人才刚刚脱离绝对贫困，不排除其中有些人会因为各种原因重新返贫。此外，全球化在促进经济发展的同时，也使得国家间以及一个国家内不同群体间增长和分配、效益和公平的矛盾更加突出，主要体现为贫富分化加剧。中国也一样受到影响。我们如果不能推进共同富裕，尤其是实现包容性和开放式的发展，那么整个社会的稳定就会受到影响。社会稳定如果不能得到保障，反过来又会影响经济的发展。过去的40多年里，中国实现了"三个可持续"，即可持续的经济发展、可持续的社会稳定和可持续的制度支撑和引导。经济可持续发展和社会可持续稳定的背后，其实就是可持续的制度支撑和引导。现在提出推进共同富裕，意味着我们要确保经济可持续发展和社会可持续稳定的基础之上的可持续的制度支撑和引导。

第四，更重要的是，共同富裕也是中国经济本身可持续发展的需要。社会上一些人认为，共同富裕会促使中国陷入中等收入陷阱。但经验地说，可能恰恰相反，中国如果不能实现共同富裕，那么就有可能陷入中等收入陷阱。共同富裕不是劫富济贫，不是平均主义，它是要解决社会财富收入差距过大的问题，因为社会过度分化就会影响经济的可持续发展。像低工资、很长的工作时间（像今天说的"996"）等，这些日常我们认为可以增加劳动生产率的方法，实际上是会影响劳动者的劳动积极性的。比如，就资本和劳动的关系来说，如果工人工资低，那么资本所生产的产品谁来消费呢？资本家必须通过消费才能把其所生产的产品转化成为利润。如果工人工资太低，没有能力来消费，那么就很难把产品转化成为利润。

其实这些现象很容易在西方社会观察到，越是实行高工资，有最低工资制度，有较短工作时间规定的国家，经济越发达。换句话说，剥削程度越高，社会会越不发达。近代以来尤其是二战之后，西方工业资本主义的一大功劳就是把工人阶级（或者马克思所说的"无产阶级"）转化为中产阶级，而中产阶级又变成了消费的主体。中国政府这几年提出要加快构建"双循环"新发展格局，并且是以国内大循环为主体。那么，为什么要提以国内大循环为主体？就是要通过内循环来实现可持续的经济发展。我们过去支撑经济增长的三驾马车是投资、消费和出口。这三驾马车中的投资和出口已经不再是经济增长贡献的主体了，现在国内消费才是增长贡献的主体。因此，要实现可持续的经济发展，我们必须做大做强中产阶层。从学术上来说，"消费社会"和"中产社会"是两个可以互相替换的概念。在任何社会，富裕阶层都是消费过度的，穷人永远消费不足，真正能支撑消费社会的便是中产阶层。美国的强大就在于其市场的强大，而市场的大小就是以中产阶层的规模来衡量的。如果中产成为消费的主力，那么就是实现了中产社会。中国要实现消费社会，就需要培养中产阶层。如果中产阶层的占比足够大了，比如达到总人口的70%以上，那就靠近一个共同富裕社会了。

第五，共同富裕是社会稳定的基础。西方早期的经验表明，一个很不公平的社会是不可持续的。在马克思所批评的原始资本主义时代，资本过度剥削劳动，导致社会的严重不公，所以才有了社会主义运动的产生。社会主义运动从19世纪持续到20世纪初，整个过程呈现出非常暴力的特征，同时也促使西方国家从原始资本主义社会逐步转型到福利资本主义社会，北欧国家是标杆式的福利社会。二战之后到20世纪80年代，西方福利社会有了长足的进步，这段时期内的有限全球化值得肯定。这一波全球化大多限于传统贸易和投资，国家的经济主权并没有受到很大的损害。同时，西方诸国也实行凯恩斯主义，政府干预经济活动，政府和市场两边都能发力。这些因素非常有利于中产的发展。从1945年到20世纪80年代，包括美国在内的所有西方社会，中产达到总人口的60%—70%这个比例。这个中产占比和规模是西方社会稳定的基础。

20世纪80年代以后，西方盛行新自由主义，资本占据绝对的主导地位，政府不能发挥作用。资本主导的确创造了巨量的财富，但是社会变得越来越分化。今天，很多美国人已不把自己的社会称为"中产社会"，而称为"富豪社会"，即财富掌握在绝少部分人手里。也就是说，美国和英国尽管在20世纪80年代之后在经济上实现了可持续发展，但社会反而分化了，变得不稳定。所以，我们要意识到，经济发展和社会稳定之间没有必然的联系。很多人意识到经济不发展，社会就会不稳定，但实际上，经济发展了，社会也不见得就稳定。

中国过去几十年实现了可持续的经济发展和可持续的社会稳定，那是因为在推动经济发展的同时，政府大力推动扶贫事业。过去40多年，中国有8亿人口脱离了绝对贫困，这保证了基本的社会公平。当然，这不是绝对的公平，而是相对的公平。

我们都知道,共同富裕还是需要通过可持续的经济发展来实现,共同富裕首要的不是"分蛋糕",而是要继续把"蛋糕"做大。2021年12月召开的中央经济工作会议重提"以经济建设为中心",对此,大家感受很深。所有国家都会面临这样那样的问题,但如果有发展,所有的问题都可以在发展中得到解决,是发展中的问题;但如果发展停止,那么这些问题就会变成真问题,很难解决。如果我们的社会越来越发展,同时也越来越分化,那么就有可能变成美国和拉美国家那样,政治激进化,这是我们一定要避免的状况。所以,一方面,我们要坚持"发展是硬道理";另一方面,必须在发展的同时照顾到公平,实现经济增长和社会公平的均衡发展,如此社会才会更加稳定强大。

三、共同富裕面临哪些挑战

要实现共同富裕并不容易,我们面临着很多挑战。

从历史经验来看,社会发展本身就具有艰巨性、曲折性。从共同富裕的角度来观察,我们可以把今天世界的国家和地区分成三类。第一类,绝大多数国家还是低度发展的贫穷国家,少数更是极度贫困国家。改革开放以来,我们实现了高速发展,现在向高收入社会迈进。但是,世界上大部分的发展中国家还是处于低度发展状态,尤其是非洲撒哈拉沙漠以南的一些国家还是非常贫困,温饱都有问题。拉美社会也差不多是这种情况,发展反反复复,政策一会儿极左,一会儿极右。在亚洲,一些经济体在1997年亚洲金融危机之后，一直没有缓和过来。在20世纪50年代，西方认为非常有发展潜力的亚洲国家有两个，一个是缅甸，一个是斯里兰卡，因为当时这两个国家是效仿西方发展模式在发展。西方认为，这两国是亚洲的未来。但是到现在，这两个国家成为亚洲的代表了吗？这两国的国内经济秩序和政治秩序都没有得到解决。到了20世纪60年代，泰国和菲律宾开始发展起来了，西方又认为这两国代表亚洲的未来。但是直到今天，这两国仍然处于中等收入陷阱状况下。第二类国家表现为富而不公、富而不平。一些国家尽管经济发展起来了，但是收入分配差距过大，社会高度分化。美国是最典型的。日本和亚洲"四小龙"在早期实现了公平增长，但是20世纪80年代之后，这些经济体也跟随美国实行新自由主义经济政策，社会收入差距也越来越大。这可以解释为什么中国香港这几年产生那么多的问题，因为贫富非常悬殊。新加坡还好一点，因为它有强大的国企，社会保障做得还不错。中国台湾地区的贫富差距也越来越大。日本一直被视为一个非常公平的社会，但其贫富分化也在日益扩大。第三类国家是共同富裕国家。这些国家非常少，就是北欧那些小国家。这些国家有几个特征：一是社会主义成分强，实行欧洲式的社会主义，福利比较好；二是社会比较小，人口比较单一，大都是单一种族占主导地位。

从二战以来陷入中等收入陷阱国家的经验中，也可以看到要实现共同富裕是多么困难。根据包括联合国和国际货币基金组织在内的国际组织的统计，二战以来的100多个国家里，直到现在只有不到20个国家逃离了中等收入陷阱，顺利进入发达经济体水平。在发达经济体中，东亚有5个，即日本和亚洲"四小龙"，其他的大部分社会都长期陷入中等收入陷阱中。有些是一段时期已经逃脱了，后来又重新陷入中等收入陷阱，像马来西亚和泰国都是这样。1997—1998年的亚洲金融危机重创了这些经济体。苏联与东欧国家又是另外一种典型。以苏联为例，苏联解体以前，人均GDP已经是相当高了，尽管比西方国家落后，但是已经接近发达国家，苏东剧变之后，又回去了。俄罗斯到现在为止还没有有效解决民生问题。

中国现在面临的国际、国内环境也不一样了，不利于我们实现共同富裕。就国际环境来说，二战后，日本和亚洲"四小龙"实现公平增长、逃避中等收入陷阱时的国际环境跟我们现在的情况很不一样。那个时候是冷战期间，整个西方市场向这些经济体开放。现在，美国想联合世界其他国家和中国脱钩，我们面临很多困难。在包括贸易战、人权、主权，特别是香港新疆台湾等问题上，中美关系全面恶化，甚至军事上的关系也在恶化。尽管有些并不是经济领域的，但对经济会产生非常深刻、负面的影响，无论是直接的还是间接的。美国正在构建着各种没有中国的、排挤中国的联盟或集团，涉及多个领域，包括芯片、贸易投资、意识形态等。2021年12月，美国拜登政府召集的有100多个国家和地区参加的所谓的"民主峰会"，就是针对中国和俄罗斯的。可以预见，未来几年各种打着民主旗号的"联盟"或者"同盟"会一一登台。中国和欧洲的关系也有一些变化，欧洲最重要的国家德国，其前总理默克尔对中国比较友好，也有能力影响欧洲国家的对华政策。但现在，欧洲国家对中国的态度比较强硬。中国跟欧洲国家尽管完成了投资协定谈判，但协定由于政治的原因搁浅了，不知道什么时候能生效。中国在海外的一些商业经济活动也在迅速被政治化或者意识形态化，无论是在欧美地区还是发展中国家及地区。"一带一路"倡议就是非常典型的例子，这些年它遭到很多西方国家的批评，甚至被妖魔化。这表明中国资本"走出去"也不是那么容易。再者，如果中美关系继续恶化，也会影响到中国和其他发展中国家之间的关系。我们现在和发展中国家的关系还是比较好的，但如果中美关系继续恶化，很多发展中国家就会面临选择美国还是选择中国的问题，要在美国和中国之间选择一个，这会是非常艰难的抉择。如果中美之间公开对抗，他们可能不得不做出选择，很多国家会转向美国。

就内部来说，国内发展还是面临很多短板，尤其是技术上经常被卡脖子。华为是中国最好的高科技企业之一，但华为30%—40%的核心技术还是靠西方，所以西方一制裁，华为就受到了很大的影响。我们很多人为"中国制造"感到骄傲，但这个概念是值得辨析的。20世纪80年代以前，说"日本制造"、"德国制造"或者"美国制造"，那指的是日本制造的整产品、德国制造的整产品、美国制造的整产品。但今天"中国制造"的性质已经变了，更准确地说是"中国组装"，即其他国家和地区生产的产品集中到我们这边进行组装，然后再出口。20世纪80年代以来，我们大部分的技术是应用性技术，原创性的技术"少而又少"。同时，我们制造业的工艺水平依然很低。以芯片为例，华为的海思实际上从设计的角度来说，可以设计很先进的芯片，但是工艺还是不行，生产工艺、生产工具都掌握在其他国家手中，光刻机就非常典型。我们现在用电脑画图纸的工具都是西方的，如果西方不让我们用的话，我们就要重新回到手工画图纸的时代。

实际上，我们被卡脖子不仅仅发生在技术领域，很多规则领域也被别人卡脖子。中国是世界第二大经济体，但国内市场大而不强。为什么不强？主要是因为国内的市场规则不统一。各个区域之间、省份之间、城市之间、企业之间都没有共同的规则。例如，我们的互联网走出国门，就要受制约，要么是美国的规则，要么是欧盟的规则。美国确实有很多大的高科技公司，可以做规则，也做了系统的规则，并且是国际性的。他们的高科技公司之间互相开放，互相包容，大家有统一的平台。欧洲没有那么多的高科技公司，但是欧洲善于把自己的市场转化为规则。我们虽然有那么多的高科技公司，又有巨大的市场，但就是没有规则。我们的高科技公司之间的关系非常像是土豆和土豆之间的关系，每个高科技公司都是自给自足，不向人家开放，互相排斥，所以形成不了统一的强大市场。再以新能源车为例，深圳比亚迪在生产新能源车，广汽也在生产新能源车，但我们有没有形成新能源车的标准和规则呢？没有。今天的中国是世界上最大的汽车生产商和汽车消费国，但我们汽车领域的规则少之又少。传统汽油车领域还说得过去，因为这个领域先发展国家处于自然垄断状态，但哪怕是在我们占据优势的新能源车领域，我们的规则也很少。近年来，美国和欧洲一直在讨论如何在规则上制衡中国，它们也在协调行动。在西方看来，中国可以发展，但是中国必须按照西方制定的规则行动。这些年，美国和欧洲在骂我们什么？在骂我们不遵守世界贸易组织（WTO）的规则、不遵守海上自由航行规则等。我们完全可以做规则，但是我们没有做好。为什么产生这样的结果？我们必须思考。如果我们不能确立规则意识，不能去参与制定规则，那么尽管我们的市场很大，也强不起来。

这也就是2022年4月，中共中央、国务院发布《关于加快建设全国统一大市场的意见》的大背景。

四、为什么中国能够实现共同富裕

尽管有这样那样的困难，但我相信中国还是能够实现共同富裕的目标。中国有很多方面的制度优势。首先，经济方面，中国和西方不一样，西方社会是私人资本主导社会经济，而中国是存在三层资本、三层市场的混合经济体。西方国家说中国实行的是"国家资本主义"，那是不正确的。中国的民营企业和民营资本在很多领域已经扮演着比国有企业、国有资本更为重要的角色。中国几千年来一直是三层资本构成的混合经济体制，上面的是国有资本，底下的是以中小微型民营企业为代表的民营资本，中间层则是民营资本和国有资本互动的领域。这三层资本一直是存在着的。近代人所说的"官办"就是国有企业，"官督商办"是中间层，"商办"就是民营企业。这个局面到现在也没有多大变化。这里面国企和民企之间存在的劳动分工现象是西方所没有的。中国几千年历史中，大规模的基础设施，像水利、公路桥梁、港口等设施建设都是由国家来负责，国家也承担着应对经济危机、平衡市场和国防等重要责任。基础设施对民营企业的发展非常重要。中国这些年民营企业为什么发展快？这跟国家创造的良好基础设施环境是有关联的。改革开放以来，中国也经历了1997—1998年的亚洲金融危机、2007—2008年的世界金融危机，近两年来也经历着由新冠肺炎疫情造成的种种困难，但我们都能有效应对，这和国有资本的作用是关联着的。而数量庞大的民营企业则负责民生经济，解决就业问题。

其次，中国的国家动员能力也是西方所没有的。在西方国家，政府的经济动员能力较低，因为国家对管理经济事务没有合理合法性。近代资本主义崛起以后，西方的一个大趋势就是政治和经济的分离，政府对经济的干预没有很强的合法性。但中国则相反，政府要干预经济。如果政府不干预经济，老百姓不接受。所以制度是不一样的，不同的制度造就了不同的动员能力。

再者，中国的经济发展有很强大的政治保障。尤其和西方比较，中国政治是稳定的。今天，西方尽管在经济制度方面没有多少危机，但是在政治方面已经陷入混乱状态。美国民粹主义崛起具有深层的社会基础，很难轻易走出来。美国的问题主要是中产阶级缩小，美国的中产阶级在20世纪80年代达到总人口的70%，现在下降到不到50%。西方19世纪和20世纪初的民粹主义运动是通过福利社会制度的建立而得到缓解的。那么今天这一波的民粹主义怎么解决呢？没有人能轻松回答这个问题。

其四，中国通过改革开放后40多年的发展，已经积累了相当的财富基础和发展经验。我们已经实现了全面小康，消灭了绝对贫困，这也是社会稳定的基础。我们的经济增长空间仍然很大，2021年中国人均GDP超1.2万美元，美国将近7万美元，新加坡突破7万美元。发达社会和高收入社会下一步往哪个方向走、怎么走并不清楚，但我们的发展目标是非常清晰的，即要逃避中等收入陷阱，进入高收入、发展均衡的社会，并且我们具有凝聚力往确定的方向行进。

在技术层面，中国的创新体系正在形成。尽管美国尽力围堵我们，但我们也已经不是吴下阿蒙。经验地看，在任何国家，技术积累到一定的程度，哪怕是应用技术，也会逐渐转化为原创技术。所有国家的技术开始都有应用性。美国说中国"偷"美国的技术，但是美国早期也"偷"英国的技术。当然叫"偷"是污蔑，因为这是技术本身扩散所致。英国是欧洲最先工业化的国家，德国是后发展国家，德国也是通过英国的技术扩散而得到发展的。日本和亚洲"四小龙"也是一样，日本早期发展的时候先把美国的技术应用过来，然后做得比美国还好。后面的亚洲"四小龙"都是学日本模式的。中国经过改革开放后40多年的发展，已经开始从应用转到原创。现在，无论是政府还是民间，对技术研发的投入越来越大。有了基础，我们就会逐步提升技术。因此，对于美国的技术围堵，我们要足够地重视，但也不需要太悲观。

尽管美国千方百计想围堵我们、遏制我们的发展，但正像李光耀先生很多年前说过的，美国可以拖慢中国的现代化，但是阻止和中断不了中国的现代化。这个判断到今天为止还是有效的，美国现在已经很难围堵中国的现代化了。这里有几个要素。

一方面，中国市场很大，现在有4亿中产，相当于美国的总体人口，是世界上最大的单一市场，大多资本不想也不会放弃中国的市场。近几年美国和中国搞脱钩，但我们吸引的外资比美国还多，外资还是在不断进入中国。自特朗普开始，美国政府一直想把美国的企业搬回美国去，但没有成功。日本的安倍政府也想这么做，也没有成功。美国为了遏制中国，想把在中国的美国企业搬到越南等东南亚国家，但这点也没做到。简单地说，中美还是脱钩不了。中美之间没有脱钩，这是中国民营企业的功劳。中国国有企业和美国（甚至其他主要西方国家）已经脱钩了，但是民营企业是非常有"韧性"的，和美国挂钩的中国制造业的主体是民营企业。同时，美国转移出来的产业也在民营企业领域，也不可能转移回去。因此，美国的贸易代表戴琪在2021年10月又提出"再挂钩"。当然，这不是"再挂钩"，或者为了改善中美关系，而是基于中美到现在为止还脱不了钩这个事实。只要中国是开放的，只要美国是资本主义国家，两者脱钩就很难。

另一方面，即使美国想围堵中国，我们也有反制能力。现在的中美关系也好，中欧关系也好，不是美国一家、欧洲一家说了算。并不是美国说要跟中国搞冷战，中国就得跟着和美国搞冷战，我们有能力避免和美国的冷战。不是美国说要和中国脱钩，中国就被脱钩了，我们有能力避免和美国的脱钩。这一点我们必须有信心。美国不是铁板一块，而是由不同利益集团组成的国家，每个利益集团对中国的看法是不一样的，和中国的利益关联不一样：华尔街和冷战派的看法不一样，军方和国务院看法不一样，反华势力和华尔街的看法也不一样。只要我们是理性冷静的，我们有能力反制美国（欧洲）的做法。

五、中国如何实现共同富裕

这是关键问题。前面已经讨论过了，实现共同富裕，发展还是硬道理。首先必须实现经济的可持续发展，继续把蛋糕做大，这是最为核心的。如果不把蛋糕做下去，不能把蛋糕继续做大，就要分掉蛋糕的话，几天就分完了，这会把促进共同富裕变成共同贫困。也就是说，如果光是从财富分配的角度来说，很容易使得共同富裕变成共同贫困。

如何继续把蛋糕做大？从内部看，中共十八届三中全会所强调的"使市场在资源配置中起决定性作用"和"更好发挥政府作用"还要继续强化。中共十八届三中全会提出要使市场在资源配置中起决定性作用和政府发挥更好的作用，这是非常正确的，世界上已经实现了共同富裕的国家，都是市场作用和政府作用有机结合、协同发力的结果。

消费社会建设、由消费启动的经济发展模式要进一步推进。这方面，我们不仅要进行硬基建建设，更要进行软基建建设。

硬基建就是高速公路、铁路、航空港、电网等，软基建指的是社会建设，包括医疗、教育、公共住房等。前面40多年发展很快，硬基建作出了很大的贡献。但是，有些方面是通过破坏社会而获得的GDP。从世界范围看，医疗、教育、公共住房这三块不是单纯的经济领域，而是社会领域。如果一定要说是经济领域，至多只能说是社会性很强的经济领域。但是，在很长一段时间里，我们很多经济学家简单地把房地产视为经济支柱产业，甚至连医疗和教育也高度产业化：20世纪90年代后期医疗产业化，1997—1998年亚洲金融危机以后教育产业化，2007—2008年世界金融危机之后房地产过度产业化。汪洋在广东任省委书记的时候提出一个概念，即"带血的GDP"。公路和桥梁建了就拆，拆了再建，这种做法产生了GDP，但于社会无益。很显然，这种"带血的GDP"是不对的，我们要进行以保护社会为目标的软基建建设。如果要进行软基建建设，那么产业结构就要调整。目前所进行的整理、整顿房地产市场是正确的。以前地方政府钱从哪儿来的？基本上是从房地产到金融再到地方政府，各地地方政府超过30%的财政收入来自房地产。这促成了中国房地产的泡沫。现在要改变这种情况，一个大的趋势是强化国家战略科技力量，实现科技、产业、金融良性循环。通俗地说，就是要让科技能够及时产业化，金融支持科技创新和产业发展。这是2021年12月中央经济工作会议所释放出来的非常明确的信号。北京证券交易所的成立主要就是为了促进中小型科技民营企业的发展。

在国际层面，我们现在进入了第三次开放，意义重大。近代以来我们已经经历了两次开放。第一次是1840年、1860年两次鸦片战争失败之后被西方国家打开国门之下的被迫、甚至是强迫开放，第二次是20世纪70年代末80年代初邓小平进行的主动开放。今天中国迈入新时代，面临百年未遇之大变局，已经开始进入第三次开放。近年来，我们提出了一些新的概念，如"双循环"的概念，国内国际两个循环，以国内大循环为主。应当强调指出的是，以国内大循环为主绝对不是说外循环不重要了。以国内大循环为主主要指的是这样一个事实，即内需已经成为中国经济增长的主体。无论是内循环还是外循环，目的都是为了增加内需，推动内需社会建设。更为重要的一个概念是"制度性开放"。以前当我们说"开放"的时候，总是和政策相关，比如开放政策或者政策性开放。制度性开放不一样，政策因人而异，因时代而变，但制度具有永久性。我们提制度性开放，就是要在制度上保证我们是永远开放的。

从国内实践来看，我们最近这几年也做了不少，在粤港澳大湾区、海南自由贸易港、长江经济带等建设中，开放政策是主体，即使是京津冀经济圈、成渝经济圈，也有很多开放的成分。从外部实践看，我们和东盟等国家签署了《区域全面经济伙伴关系协定》（RCEP）。2022年1月RCEP正式生效实施，会对我们国家的经济产生很大的影响，尤其是像深圳、广州这样的开放城市。中国和欧盟也完成了中欧投资协定谈判。尽管这个协定在欧盟方因为政治和意识形态因素而搁浅，但生效只是个时间问题。同样重要的是，中国已经正式申请加入《全面与进步跨太平洋伙伴关系协定》（CPTPP）。如果加入CPTPP，那将是中国的第二次"入世"。美国为什么对WTO不感兴趣了？这是因为美国认为中国从加入WTO中获得了巨大的利益，而WTO规则已经制约不了中国了。因此，美国在奥巴马政府期间转向了《跨太平洋伙伴关系协定》（TPP），而TPP是专门针对中国的。特朗普政府退出TPP之后，余下的国家组成了CPTPP。较之WTO，CPTPP对中国的要求更高，尤其是在国有企业改革和劳动标准方面。我们已经正式申请加入CPTPP，这一事实至少表明我们有决心实行更大程度和更高标准的开放。

其次，在理论层面，我们需要深刻理解三次分配（初次分配、再次分配和第三次分配）和共同富裕之间的关系，不能有很大的偏差。现在社会层面，在理解共同富裕和三次分配的关系上存在着许多错误的看法。这一点我将在第四章中展开较为详细的论述。

在已经实现了共同富裕的社会，有三个经验观察是值得强调的。或者说，要实现可持续的发展，最终实现共同富裕，有三个方面的制度和政策是需要确立的。

第一，上不封顶。不能规定人们赚钱或者积累财富到一定的程度就不容许了，不能再赚钱了，或者不能再积累财富了。如果上有封顶，那么哪会产生第三次分配？实现第三次分配的条件就是社会拥有很多超级富人。比较一下中国香港和新加坡就可以说明这个问题。中国香港有很多基金会，因为在香港民营企业占主导地位；新加坡几乎没有基金会，尤其是大的基金会，因为新加坡是国有企业占据主导地位，而国家是不做慈善的。美国发达的私人经济也促成美国拥有众多的基金会。邵逸夫先生现象就是"上不封顶"的产物。在世界各地尤其是华人地区，邵逸夫先生有很多捐赠。如果有"上封顶"的政策，不能让他赚更多的钱，那么他怎么做慈善？上不封顶很重要，应当鼓励人们多创造财富，但同时要通过各种政策尤其是税收减免，鼓励富人捐赠。

第二，下要保底。保底，即保护社会非常重要，要保障民生，建立社会保障、教育、医疗、公共住房等方面的制度和政策，这些都是保底的基本制度和政策。保底就是要使每个人都可以过上体面的生活，不会因为没有衣服穿而冻死，不会因为没有饭吃而饿死，也就是要解决温饱问题。改革开放以来，中国在这方面取得了很大的成就。通过大规模扶贫，尤其是精准扶贫，我们促成了8亿多人口脱离绝对贫困状态，创造了世界经济史上的奇迹。可以说，通过扶贫，我们实现了保底。但保底的事业是永恒的。必须意识到，我们很多人刚刚脱离绝对贫困状态，他们离富裕起来还有很长的路要走。不仅如此，已经脱离贫困的人口也有可能再次返贫。

这里，要特别关注农村贫困问题。尽管城市也有贫困现象，但中国的大部分穷人或者最严重的贫困问题是在农村。因此，我们要解决城乡分割的问题。中国农村规模巨大，如果问题不解决，保底目标就很难实现。近年来，我们提"社会主义新农村建设"、"美丽乡村建设"或者"乡村振兴"，很大程度上就是为了解决这个问题。不过，经验地看，光有政府对农村的投入是远远不够的。农村光依靠政府的财政投入是永远改变不了贫困现状的。就算一时改变了，一旦政府的投入终止，就很容易返回贫困。农村的现状可以用一个词来描述，即"财富单向性流出"。农村壮劳力基本上已经到城里寻找工作机会，并且农民有钱了就到城市买房子，把孩子送到城里接受教育，因此就出现农村只有老人和小孩的"空心化"现象。政府用了很大的力气，这些年在农村的投入不算少。但光有政府的投入，怎么能使农村实现可持续发展呢？从世界各国的经验来看，我们还需要引进社会的资本。农民会继续进城，因为这是他们的"中国梦"。但如果容许"50后、60后"的城市居民回乡，那么会发生什么呢？实际上，回乡也是这个社会群体的"中国梦"。现在不允许这个群体回乡，社会资本就去不了。我们当然要限制城市资本对农村土地的炒作，这个在技术层面进行管控并不难。只有实现城乡双向资源的流动，乡村发展才能实现可持续性。欧洲、美洲的发达国家，甚至是发展中国家，一个普遍的规律就是富人的乡下、穷人的城市；中国刚好倒过来，富人都是住在城中心，老百姓尤其是穷人住在乡下。西方的穷人需要住在城市中心，住在地铁旁边，因为有就业的机会和方便的交通，而富人有钱、有车，所以住在环境更好的郊外。如何实现城乡的双向流动是我们必须思考的一个核心问题。关于这一点，我将在第七章中进行集中论述。

第三，做大中产。我们现在有4亿中产，但就人口比例来说，只有30%。世界范围内，如果一个社会要成为中产社会，那么中产人口比例就要达到60%—70%。因此，我们还有很长的路要走。中国现在面临的挑战不仅是中产规模还小，而且我们的中产也没有制度保障。即使已经实现中产的阶层也不排除重新变成非中产的可能，因为面临人们所说的"新三座大山"，即买房子变成"房奴"，小孩上学变成"孩奴"，家人生重病可能倾家荡产。这就是因为我们还没有做好社会保障、医疗、教育、公共住房这几个社会领域的制度建设。在所有国家，这几块都是中产阶层的制度基础，中国亦然，我们一定要做好。此外，现在的税收制度很不利于中产阶层。与福利国家相比，尽管我们的福利水平还那么低，但我们的税收已经到了福利国家的水平，这是非常不正常的现象。英国是福利社会，大多数教授的税率是45%—50%，而我们现在级别较高的教授，税率超过40%。丹麦的税率可以达到60%，但是人们基本上不需要很多的开支，国家承担了大部分甚至是全部的医疗、教育和住房的责任。我们现在的税制不利于中产阶层的培育。

共同富裕正在推进，也必须推进。我们不仅要总结国际经验，更要及时总结我们国家内部好的经验，供其他地区参考。浙江被中央确定为共同富裕的先行示范区，这一事实表明浙江在实现共同富裕方面做得很不错。如果总结一下，不难发现浙江有如下几个特点。第一，国有企业和民营企业相对平衡。在浙江，民营企业占主导地位，但是国有企业也承担了很大的责任，两者之间的分工合作比较好，尤其要指出的是，浙江的国有企业没有形成"与民争利"的局面，浙江国有企业的主要责任是进行基础设施建设和提供公共服务。第二，浙江的外资和内资比较平衡。在珠江三角洲外资占了绝大多数，但在浙江内资占了多数。用马克思的话来说，外资的"剥削"成分高一些，内资因为大家都是老乡和熟人，劳资关系相对较好。浙江的劳动条件也要比珠江三角洲好一点。第三，浙江各区域之间的产业分工相对较好，杭州、宁波和衢州等主要城市没有产生恶性竞争。第四，浙江在社会服务统筹方面走在前面。浙江逐步统筹社会保障、医疗、教育、公共住房，正一步一步地把这些领域的统筹提高到省一级。这个统筹非常重要。我们总是说我们自己是"小市民"。的确，我们还没有完全意义上的"国民"身份。我们的国民身份更多的是表现在政治方面，但在社会经济方面，国民的身份还是有欠缺。西方的"国民"是什么概念？西方国家大部分社会保障是中央政府统筹的，因此其人民在国内到哪儿都可以享受国民待遇。美国的一个农民，无论来自哪里或者走到哪里，都可以享受国民待遇。但我们的统筹到今天依然是以市为单位，连省级统筹都还没有实现。浙江正逐步发展到省级统筹，这会对共同富裕起到很大的效用。其实，提高统筹层级会解决很多问题。现在有一些现象很奇怪，例如，深圳这么高的房价，但隔了一条马路，到了惠州，房价就那么低了。这是什么原因呢？简单地说，就是统筹层级过低所致。

就本质来说，要实现共同富裕，就需要理顺本文开头所说的三个主体，即政府、企业和人民之间的关系。政府是政治的主体，企业是经济的主体，人民是社会的主体。不难观察到，在已经实现了共同富裕的北欧社会，政府、企业和社会三者的关系比较和谐，政府能够协调好资本和社会的利益。美国经济中资本过于主导，政府没有能力处理好资本和社会之间的关系，因此导致了民粹主义的崛起。资本过于主导，导致社会失序，但华尔街不受影响，政府也动不了华尔街。

　　中国一定要把这三个主体之间的关系处理好。中国政府也在努力这样做。最近对民营企业的整顿，在很大程度上说，也是为了协调资本和社会之间的关系。经验地看，世界范围内，极左、极右的政策都不好：极左只重视分配，其结果是普遍贫穷；极右只看发展，不顾共同富裕，社会会高度分化。拉美社会呈现出一会儿极左，一会儿极右的局面。这方面，中国具有制度优势。中国共产党是政治主体，不代表任何一个利益集团的利益，其本身也没有特殊的利益，也就是说，中国共产党是代表整个国家的利益，它要协调不同的社会阶层和群体的利益。

　　我们有信心，尽管实现共同富裕不易，但中国能实现共同富裕。中国实现了共同富裕，解决的不仅仅是中国本身的问题，也是为人类社会提供另一种发展模式，因为如前面所说，实现共同富裕是一个世界性的问题。

第四章
共同富裕与中国的现代化模式

最近学术界和政策研究界对共同富裕的讨论多起来了，这无疑是非常积极的现象。围绕着三次分配和共同富裕之间关系的讨论更引人注目，不仅在中国社会内部得到了极大的关注，也引起了国际社会的兴趣。中国社会内部讨论如此热烈，一方面表明贫富分化的严重性，另一方面表明中国社会作为目标的共同富裕是可以达成共识的。国际社会的关注主要有两个原因。第一，西方社会很多人在观察、琢磨中国社会到底往哪个方向发展，是继续通过市场经济的道路来实现共同富裕，还是回到从前的计划经济道路。第二，发展中国家所关注的是中国的经验。中国已经成功实现脱贫，这让很多发展中国家羡慕，这些国家会一直关切中国的"下一步"，即共同富裕。

不过，从中国社会目前讨论所显示的"情绪"来看，在共同富裕这个领域，很多人还没有从中国的制度文化出发来理性思考这个问题，而是用西方的概念来分析和思考中国实现共同富裕的途径。这必须引起我们足够的注意。正如我们在扶贫方面找到了自己的路径，我们在共同富裕方面也必须找到自己的路径。其他国家的经验是可以学习的，但必须聚焦中国的国情，不可照抄照搬别国的经验。

一、实现共同富裕的三种国际模式

在国际层面，我们可以说，共同富裕存在着一个"安娜·卡列尼娜定律"，即成功实现共同富裕的国家都很相似，但失败的国家各有不同。因此，我们必须总结一般性的国际经验，即那些相似的经验，同时挖掘所长，避开短板，即那些各不相同的地方。

迄今为止，国际社会在实现共同富裕方面已经积累了不少宝贵的经验，当然也包括失败的教训，可供我们参考。概括地说，我们把这些经验和教训分成三个类别，即北欧模式、苏联模式、东亚模式。

1. 北欧模式

北欧模式是西方世界实现共同富裕（即福利社会）最为成功的模式。人们称北欧模式为"民主社会主义"或"社会民主主义"模式是比较合适的，因为历史地看，欧洲福利社会的形成都是和民主的进程相关联的，民主就是一种政治，政治的目的就是实现资本利益和社会利益之间的平衡。换句话说，北欧共同富裕模式的核心是福利制度，而福利制度演进的关键在于北欧式民主制度的发展。民主推动着北欧的福利制度，福利制度在一定程度上导向共同富裕，这个逻辑既解释了北欧实现共同富裕的动力，也可以解释北欧共同富裕模式所面临的挑战，即经济发展和福利过度之间的深刻矛盾。

从西方民主的历史来看，第一波民主化可以说是资产阶级的民主化。在民主化之前，西方大多是君主贵族政权。资产阶级是第一个有能力和君主贵族分享权力的社会群体。西方的第一波民主就是马克思所说的资产阶级民主。在此阶段，政府和资本之间的关系很融洽。诚如马克思所指出的，政权本身是资产阶级所产生的，前者是后者的代表。从经济形式看，这个相当长的阶段属于原始资本主义阶段。政府和资本往往站在一起，对雇佣工人（劳动者）进行剥削。结果就是资本利益和社会利益的失衡，导致了马克思所说的"人吃人"现象。这种"人吃人"的资本主义可以从马克思、狄更斯、雨果等人的作品中看得非常清楚。

工人阶级推动了西方的第二波民主化。资产阶级为了利润，大力发展经济，到处拓展市场。结果，不仅创造了大量的财富，而且培养出一个庞大的工人阶级或者无产阶级队伍。这个阶级早期受资产阶级的剥削，但随着其组织化程度的提高，其人口力量（即社会力量）越来越强大。他们开始要和资产阶级分享权力，要求改善劳动条件、提高工资等，工人阶级运动开始发挥政治影响力。我们可以从如下几个方面来看。

首先，西方民主开始从原先的资产阶级（精英）民主向大众民主转型。工人阶级凭借其人口的力量，要求政治参与，要求普选权。继资产阶级之后，工人阶级也成为进入政治过程的社会群体。其次，促成了劳动关系的变化。之前，政府和资本结合在一起，对劳动者进行剥削。工人阶级崛起之后，政府开始与资本分离。这种分离符合资本和劳动者双方的利益。对资本来说，这种分离有利于政府在劳资双方间扮演一个比较中立的角色，来缓解劳动和资本之间的冲突，调和两者之间的利益。这尤其表现在西方所说的"社团主义"（corporatism）的制度安排上。再次，政府与资本分离也促成了西方政府对经济的监管制度（regulatory regime）的确立，这一点很重要。在原始资本主义阶段，资产阶级唯利是图，根本不顾工人、消费者和社会的利益。但随着政府与资本的分离，政府开始有条件来确立制度，规制资本的运作。双方一旦开始分离，政府便开始把权力基于工人的选票之上，从而至少减少了政治权力对资本的依赖。没有这种分离，没有工人阶级对政府权力的支持，西方规制型政府不可能产生。最后，在社会制度上，西方开始从原始资本主义向福利制度转型。资本的唯一目标是利润。西方从原始资本主义到福利资本主义的转型不是资本本身的逻辑，而是西方政治和社会改革的结果，工人阶级运动在其中扮演了主要角色。社会主义产生于西方是有其道理的。社会主义运动的目标是确立社会制度，包括社会保障、医疗、教育、公共住房等等。当然，这些社会目标并不是一步到位的，而是通过长期的发展才得到确立的。最初的社会主义运动也只局限于最低劳动保护、工资等方面。如果说资本主义的发展为西方确立了一整套市场制度，那么社会主义的发展则为西方确立了一整套国家社会制度。

马克思说资产阶级生产了自己的"掘墓人"——无产阶级。到目前为止，历史证明资产阶级产生和培养了自己的竞争者，即工人阶级，但工人阶级并不注定要成为资产阶级的"掘墓人"。在资本主义先发展的国家，工人阶级的崛起不仅没有埋葬资产阶级，在某种意义上反而拯救了资产阶级，促成资本主义向另一个方向发展，即人道主义的资本主义。社会主义运动促成了社会制度的确立，保障了工人的基本利益，从而保障了社会的稳定，而社会的稳定反过来为资本主义的进一步发展提供了社会基础。同时，资本不再单纯依赖于对工人阶级的高强度剥削，转而依靠技术和管理创新。工业资本主义技术和管理水平的提高，也促成了工人从从事简单劳作的工人转型成为技术工人。在这一过程中，昔日的无产阶级转型成为中产阶级。社会制度和中产阶级是消费社会的支柱或基础，这样，西方的经济也具有了充足的发展动力。

第三波西方民主就是大众民主。资产阶级创造了工人阶级，工人阶级进入政治过程，这使得西方民主大众化变得不可避免。之后，各种社会群体包括妇女、少数族群等也通过各种社会运动（如美国的黑人民权运动）进入政治过程，民主的大众化过程至少从理论上说完成了。现在人们把很多权利和民主化联系起来。从历史上看，的确很多权利尤其是公民的政治权利是随着民主化而产生的。不过，我们要注意两点。第一，很多方面的权利，尤其是经济和社会权利，在民主化之前已经实现。西方很多方面的社会制度建设发生在大众民主化之前，甚至在专制主义阶段，最明显的就是法国的教育制度是在拿破仑时代建立的，德国的社会保障制度是在"铁血宰相"俾斯麦时代建立的。可以说，西方大多数基本国家制度与大众民主化没有什么紧密的关联。所以，我们一直在强调，国家制度建设在先，民主化在后。大部分国家制度必须在大众民主化之前得到建立。如果不能得到建立，那么在民主化之后很可能再也没有机会了。民主化可以产生巨大的政治能量，不过，这种政治能量可以有效地摧毁现有的制度，但不能同样有效地建立新制度。历史地看，民主政治对国家制度建设的贡献并不太大。

我们需要强调的第二点是，民主政治所给予的权利大多是理论上和法律上的，而非实际上的。民主政治强调人人平等、自由、参与等一系列人类所向往的原则，但并不是说民主化之后，这些权利就会自动实现。道理很简单，这些权利的实现是需要很多条件的。民主政治在法律上保障人人机会平等，但现实则是不平等的。尽管在民主大众化之后，原先建立的各种国家制度变得更加平等，对弱势社会阶层有利，但并不是说在实际层面，每个人的权利真正平等了。民主是用理论上和法律上的平等掩盖事实上的不平等的一种制度。正因为这样，我们可以发现，即使在被视为最民主的国家，不同社会群体也经常通过社会运动的方式要求平等的权利。女权运动和少数族群运动是两个常见的例子。

大众民主对西方的经济和政治产生了巨大的影响。在精英（资产阶级）民主阶段，政治和经济体系互相配合，没有重大的冲突；在大众民主化的早期，政府开始与资本脱离，逐渐向社会倾斜，但政府还是可以超越资本和社会，在两者之间充当协调人。但在大众民主时代，政府很快向社会倾斜。大众民主说到底就是"一人一票"的选举民主。对政治人物来说，要得到政治权力，首先就要得到足够的选票。很显然，从选票数来讲，社会远较资本来得重要。这使得今天的大众民主越来越带有民粹主义的色彩。在福利国家，大众民主对经济的负面影响越来越显著。民主在很大程度上演变为福利政策的"拍卖会"。但问题是，谁来买单？西方的政治人物尽管知道自己国家的经济体已经不能承担福利负担，但为了选票还得继续承诺高福利。而大多数社会群体则看不到自己的长远利益，他们也不愿放弃任何利益。高福利的钱从哪里来？向老百姓借钱，向外国借钱，向未来借钱，这些都是西方的方法。

尽管上述过程体现在几乎所有发达国家，但各国发展的模式很不相同。西方学术界所说的"资本主义的多样性"（varieties of capitalism）指的就是这样的情形。其中，英美为典型的资本主义国家，是新自由主义经济学的代表。不过，如前面所讨论的，尽管英美国家实现了经济发展，但在共同富裕方面是失败的，因为收入和财富差异越来越大。新自由主义的主要特征就是利益过于倾向资本。相比之下，德国和北欧在实现共同富裕方面就很成功，因为这些社会实现了资本利益和社会利益的平衡。在德国，人们称之为"社会市场"模式。当然，北欧模式今天也面临挑战，包括人口结构变化、移民等问题都在影响着福利社会的可持续性。一些北欧社会已经开始施行"普遍工资制"，这就是对新挑战的回应。不过，"普遍工资制"基本上就是福利社会的新版本。基于福利社会之上的共同富裕社会是否可以持续，取决于福利是否可以持续。而福利社会的可持续性正是北欧模式必须要解决的问题。

2. 苏联模式

尽管苏联模式已经解体，但仍有必要讨论一下。无疑，苏联为我们提供了一份厚重的教训。

应当指出的是，苏联模式在很大程度上具有必然性。较之西欧国家，苏联属于后发展国家。对建立苏联模式的列宁来说，当时关键的问题是如何让苏联作为一个落后国家更快地发展起来，赶超西方。列宁的设想就是首先让苏联在资本主义链条上断裂开来，获得独立，在一种较为封闭的情况下得到发展。其实，这种思想也并不算新鲜。美国立国之初，一些开国领袖尤其是汉密尔顿就主张美国实行重商主义，即国家采用各种政策保护民族企业免遭欧洲尤其是英国企业的竞争，等民族企业发展起来之后再开放，与发达国家的企业进行竞争。德国也是如此。较之英国，德国也是后发展国家。德国经济学家李斯特就提出了"国民经济体系"的概念。只不过，列宁比所有人都走得更远，甚至走到了极端。苏联不是采取保护主义，而是采取与西方断裂的做法。

苏联模式在早期也是取得了很大成就的。苏联体制的最大特点就是国家动员，或者是列宁所说的"国家资本主义"。在很短时间里，苏联经济稳定下来，人们的生活水平也迅速提高，实现了基本的社会公平，成为包括中国和印度在内的很多国家学习的典范。

不过，苏联模式的最大问题在于可持续性。在早期，苏联的国家动员体制促成苏联能够在短时期内动员庞大的资源为国家的科技进步服务，但有几个因素使得集权模式很难实现可持续发展。

第一，这个模式与开放背道而驰。这个模式的特点就是关起门来自己发展和创新。这就意味着没有思想市场，没有不同的意见，没有不同的思维；久而久之，所有的东西都趋于同质化，一旦同质化，创新就失去了动力。

第二，没有市场。"关起门来"意味着只有内部市场，没有外部市场，或者说，只有内卷，没有外扩。而技术如果没有市场就很难可持续发展。很显然，技术发展所需的投入是巨大的，需要从市场收回成本。没有市场表明技术投入没有回报，可持续性自然就是一个问题。

第三，消灭了资本。在苏联，工人阶级的确成了马克思所说的资产阶级的"掘墓人"。在苏联和属于苏联集团的东欧国家，国家政权并不像欧洲国家那样在资本和劳动之间充当协调者，而是完全和劳动站在一起。国家政权和劳动的一体化构成了巨大的力量，消灭了资本及其赖以生存的市场。在这些国家，资本的力量本来就不是很强，正是因为资本的力量不强，这些国家才转向了国家的力量，依靠国家力量推动经济的发展。不过，在消灭了资本之后，这些国家不可避免地走上了日后的计划经济道路。

但是，问题在于，在消灭了资本之后，谁来发展经济？消灭了市场，又如何发展经济？正如日后的历史所证明的，计划经济最终走上了自由派经济学家哈耶克所说的"通往奴役之路"。没有了发展经济的主体与动力，贫穷也就成为必然。苏联经济在经历早期的辉煌之后，开始滞涨、僵化，没有任何内外发展动力。苏联、东欧国家的计划经济导致了普遍的贫穷（即贫穷社会主义）不难理解。社会主义本来就是要使得经济发展更加公平，更加可持续，但贫穷社会主义最后走上了自我衰落的道路。苏联模式的贫穷社会主义在和西方国家的竞争中败下阵来。实际上，苏联模式的解体与其说是因为西方的竞争，倒不如说是因为内部缺少动力。在很大程度上，中国也经历了苏联模式的一些缺陷，直到20世纪70年代后期才开始重新接受市场经济，从而避免了像苏联那样的命运。

3. 东亚模式

日本与亚洲"四小龙"在市场经济和共同富裕的实践上是非常成功的典范。学术界有一个共识，那就是东亚经济体在20世纪90年代之前同时实现了发展与公平两个目标，或者说是"公平的增长"。我们可以把东亚道路总结为先经济，再社会，后政治；先发展，再分配，后民主。日本是亚洲第一个实现现代化的国家。在明治维新及之后的很长一段时间里，日本首先进行了国家制度建设，包括中央集权的政治制度和经济制度。日本的民主（确切地说是选举政治）是在二战后美国占领期间建立起来的，但人们都明白，日本尽管也像西方那样是选举民主，但与西方民主是不一样的。在很长时间里，日本是一党独大体制，即日本自由民主党牢牢掌握着国家政权，这是一种高度集权的民主体制。尽管自民党内部有派系竞争，但反对党没有能力挑战自民党的一党独大。在20世纪60年代经济开始起飞之后，日本花费了大约20年的时间，建立起一个庞大的中产阶级。同时，随着政府财力的增加，政府开始大量进行社会投资，社会保障、医疗卫生、教育等方面的制度建设加速。应当说，选举民主在社会建设方面扮演了一个积极的角色。因为要得到选票，政治人物就得努力把国家财政大力投入社会建设。资本主义和市场经济保障了日本长时期的经济发展，而在社会制度保障下的庞大中产阶级构成了日本社会稳定的基础。日本之后，亚洲"四小龙"也基本走上了类似的道路。

从国家和市场、政府和人民的关系看，东亚模式的成功主要在于东亚国家选择了与西方先发展国家，以及苏联、东欧国家不同的第三条道路。与西方先发展国家相比，东亚政府扮演了一个更为重要的角色。在西方，无论是经济发展还是社会建设都经历了一个比较自然的过程。经济发展主要由市场驱动，政府在其中的作用并不是很大，主要是规制经济活动的角色。在社会建设上，只有出现大规模的工人阶级运动，在西方整体制度面临危机的情况下，政府才开始涉足社会领域。但在东亚，尤其是亚洲"四小龙"经济体，情况有很大的不同。政府通过各种方式来促进经济发展，形成了学界所说的"发展型政府"（developmental states）。更为重要的是，政府主动采取有效政策，进行社会制度建设，培植中产阶级，从而避免了类似西方早期具有暴力特征的工人阶级运动。日本政府在进行社会制度建设的同时，从20世纪60年代开始通过"国民收入倍增计划"等政策，提高劳动者工资，扶植中产阶级成长。韩国和中国的香港、台湾地区则大力扶植民营企业，尤其是中小企业，造就了有利于公平性经济增长的经济结构。这里，日本和韩国的企业集团值得强调。正如我们所看到的，日本和韩国的大型企业集团在各自国家的经济发展尤其是国际竞争力方面起到了关键的作用。大型企业集团的产生和发展是政府和企业联盟的结果，没有政府各方面的大力支持，这些民营企业很难实现日后的大发展。支持这种发展模式的人称之为"东亚战略型资本主义"，但批评者（主要是西方学者）称之为"权贵资本主义"，前者指向政府和企业关联的优势，后者指向这种关联的劣势。新加坡政府在促进经济增长和社会制度建设方面更是典范。从社会阶层变化来说，东亚社会的中产阶级从产生到壮大花费了比西方短得多的时间。这是政府与企业合作的功劳。

与苏联和东欧国家不同，东亚政府不仅容许市场扮演一个更为重要的角色，更为重要的是创造制度条件促进市场的发育和成长。苏联、东欧模式就是政府与社会结合，消灭资产阶级和市场机制，代之以完全由政府主导的计划经济。东亚社会拒绝了这条当时非常激进的道路，走上了利用市场机制加政府干预的道路。日本和韩国政府大力扶植民营企业，政府动员大量的资源，投入具有战略性意义的产业，使其产业在很短的时间内能够与西方发达国家的企业相竞争。中国台湾地区也通过类似的政策，在大力扶植战略型产业的同时支持中小企业。中国香港地区尽管是典型的自由市场，但政府也扮演了重要的角色，即通过法治来保障自由市场的运作。新加坡比较特殊，发展出了一个庞大的政府产业（政府关联企业和政府投资企业），这和其他经济体不同。但是，在充分利用市场这方面，没有重大区别。新加坡的国有企业和苏联、东欧计划经济下的国有企业截然不同。原因很简单，在新加坡，企业是企业，企业的运作必须符合市场规则，政府不会保护自己的企业免受市场的竞争。

因为对政府作用和市场作用的充分运作，东亚经济体在很短的时间内赶上了西方。不过，自20世纪90年代以来，东亚各经济体也都在不同程度上面临严峻的挑战，东亚模式正接受考验。从前比较均富的状态被改变，收入和财富差距加大，社会分化严重。这里至少有两方面的因素。客观上说，作为全球经济的一部分，东亚经济也不可避免地受到经济危机的冲击。所有东亚经济都是出口导向的外向型经济，高度依赖西方经济体，世界经济的变化必然会影响到东亚经济。不过，这里也有主观上的因素，即这些经济体逐渐失去了其往日的战略性，越来越具有西方新自由主义经济学的特征。日本在很大程度上类似西方。在20世纪80年代的房地产泡沫破灭之后，日本改变了其特有的经济运作方式（如强调政府作用、企业终身雇用制等），力图引入西方式的经济竞争模式。不过，现在看来，这不仅没有成效，反而在恶化经济状况。日本社会仍然难以适应西方新自由主义式的竞争模式。此外，日本也和西方一样，其大众民主现在已经很难产生一个有效的政府。传统上，自民党内部通过各种协调机制达成共识，但现在执政党和反对党之间在很多政策上正在向"互相否决"型政党体制演变。韩国在经历了1997—1998年亚洲金融危机之后，大力进行经济改革。2007—2008年的全球性金融危机对韩国的影响并不显著。直到目前为止，在促进经济发展方面，韩国政府仍然能够继续扮演一个积极角色。政府的政策并不是被动跟随民意，而是在塑造民意，克服来自民粹主义的压力，领导国家的经济发展。中国台湾和香港地区的经济现在越来越依赖中国大陆，在产业转移方面，和西方一些经济体有很多类似的地方。这两个地区的主要问题是政治问题。中国香港缺少一个有效的政治领导层，在经济发展过程中扮演积极作用的同时，协调经济和政治的发展。台湾地区的民主化比较和平，但民主化对经济运作产生了很多负面的影响。在20世纪90年代，中国台湾和新加坡的人均GDP几乎处于同等的水平，但现在中国台湾的人均GDP只有新加坡的一半还不到。同时，随着民主化进程的展开，民主化也带有了很浓厚的民粹化味道。台湾行政当局官员简单跟随民意，着眼于短期利益，有利于长远经济发展的政策很难到位。其中一个结果就是，行政当局的社会开支越来越大，债务严重。中国台湾如何逃离欧洲式福利社会危机是其面临的艰巨任务。新加坡到目前为止理性地追求着自己的发展模式，有效避免了东亚其他经济体的弊病。例如，新加坡不想盲目引入欧洲式福利社会，而是发展出有利于可持续发展的社会保护模式。不过，随着民主的大众化，新加坡模式也要接受挑战。

现实地看，中国不可能走北欧道路，因为正如前面所分析的，中国社会和北欧社会差异巨大。这也是中国社会质疑最近有学者提出的"中国特色福利社会"概念的原因。要在中国这么大的一个社会实行欧洲式的福利，现实可能性并不大。再者，中国已经逃离了苏联模式，尽管中国在经济发展和技术创新方面提倡新型举国体制，但也不可能回归往日的苏联模式或者计划经济模式。在很多方面，中国更类似于同属儒家文化圈的东亚模式。但即使是东亚模式，中国也因为各种因素（经济发展阶段、经济规模、制度因素和国际环境等）很难仿照。中国要实现共同富裕还是需要走出一条自己的路。我们可以学习其他国家的经验，但最终还是要建立在中国自己的制度优势之上。只有这样，共同富裕和制度进步才会同步和同向。

二、中国现代化模式的形成

近代以来，面临来自西方的挑战，中国各方面快速转型。但在很长的时间里，至少到1949年中华人民共和国成立，中国所要解决的问题是"国家与革命"的问题，而非"国家和发展"的问题。这个顺序并不难理解，因为只有确立了政治秩序之后，经济发展才能提到议事日程上来。

近代以来，在解决"国家与革命"问题上，中国各派政治力量都有自己的主张，但日后的经验证明，中国共产党是最成功的。这个关键便是中共接受了马克思列宁主义并且成功地实现了马克思主义的中国化。列宁的《国家与革命》要解决的，便是在落后国家如何通过革命确立一种新的政治秩序的问题。毛泽东一代革命家通过"马克思主义中国化"，把列宁的学说成功应用到中国革命，在和各种政治力量的斗争中胜出，确立了一种新的政治秩序。

新中国建立之后，在一段时间里，毛泽东也曾经想继续用

"革命"的手段来解决"发展"问题。我们采用了苏联模式的计划经济。计划经济现在已成为历史，但当时有诸多因素决定了中国实行计划经济的必然性。首先，作为一个后发展国家，政府在国家中必然要扮演一个较之先发展国家更为重要的经济角色。中华人民共和国成立之初，基本上是一个农业经济体。中国的工业化发生在和西方接触之后，表明工业化深受西方国家的影响。工业集中在沿海几个地区，并且很不平衡。同时，中国的内部工业化已经没有了西方和亚洲其他经济体发展时的国际条件。西方国家的工业化和现代化尽管是内生的，但帝国主义甚至殖民主义构成了其外部条件。后发展国家一方面为西方国家的工业化提供了源源不断的物质资料甚至劳动力，另一方面为这些国家提供了广阔的市场。而日本和亚洲"四小龙"发展过程中，则因为美苏冷战等因素，西方尤其是美国为这些经济体提供了开放的技术和市场，使得这些经济体的工业化和现代化时间大大缩短。

而1949年后的中国已经没有西方国家和亚洲其他国家当时发展的外部条件。帝国主义和殖民地时代早就过去了。中国本身深受帝国主义和殖民主义之苦，因此始终坚持反帝国主义和殖民主义路线，更不可能自己也去搞帝国主义那一套。更为重要的是，当时的中国遭外部力量的围堵和遏制，先是美国和其他西方国家，后是中苏关系恶化之后的苏联。中国所能动员的仅仅只是内部的力量。中国通过"土改"、设置城乡差别和区域差别、国家资源动员、扫盲、全民卫生运动、妇女解放等方法实现了第一波国家主导的工业化。

应当看到的是，尽管中国在理论上采用苏联模式的计划经济，但在实践中已经和苏联区分开来。原因很简单，苏联模式是苏联根据自己的文明、文化和国情发展起来的，不见得适用于中国。中国采用苏联模式之后，在实践中需要不断修正苏联模式，因此中国的计划经济和苏联的计划经济有很大的不同。从本质上说，苏联模式是高度集权的，而中国模式则是高度分权的。无论是苏联还是中国都是国家（政府）主导型经济，但苏联是中央政府主导，中国的经济权力则分散在各级政府，尤其是基层政府层面。和西方的市场经济比较，苏联和中国模式是集权的，因为两者都不承认市场的合法性。就产权制度来说，西方是私有产权，苏联和中国则是公有产权。但如果忽视了苏联的内部高度集权和中国的内部高度分权的不同，以及苏联的中央政府产权制度和中国的各级政府产权制度的不同，那么就很难解释后来的发展。苏联毕竟属于西方文明，产权不可分割。西方实行产权私有，私有财产神圣不可侵犯；苏联实行产权公有，并且产权属于政府，公有产权神圣不可侵犯。但在中国，尽管产权也是公有的，但产权可以在不同层级政府之间分割，是可分割的产权。

苏联模式解体之后，俄罗斯经济体从中央政府主导转变成为各个"寡头"主导；尽管有名义上的私有化，但私有化没有实质性的意义；中央政府从经济事务退出并没有导向经济活动的民营化。中国的情况则不同，因为产权的可分割性，经济活动由各级地方政府掌控。改革开放之后，地方政府尤其是县级以下的政府不仅承担政府功能，而且也承担企业功能，即学界所说的"法人化"（corporatization），政府演变成为企业和经济主体。学界早就认为，如果说西方的经济发展动力来自企业之间的竞争，那么中国经济发展的动力则来自地方之间的竞争。这方面的文献并不少。中国的经济发展最初发生在县乡两级，即县域经济和农村经济。因为这两个基层层面的经济基本上"靠近"民营经济，民营化比较容易，同时因为数量众多，竞争激烈，也不容易导致"寡头化"。这一点为日后的经验所证明。在县乡经济发展起来之后，中国对大型国有企业进行改制，包括大型企业集团化和民营化两大类，即"抓大放小"。大型国有企业的改制是有成本的，尤其是就业方面。但因为先有县乡一级企业的民营化改革，民营企业基本上消化了大部分大型国有企业改制所带来的成本，承接了大量的就业。

进而，人们也不能忽视计划经济时代中国经济建设方面的成就。在很多方面，包括城市基础设施建设、农业水利建设、基础教育、公共卫生、妇女解放等方面都取得了其他很多发展中国家所没有取得的成就。正因为这样，尽管计划经济时代中国的人均GDP很低，但人均寿命远较其他发展中国家高。计划经济时代所产生的经济"价值"是没有市场的，但一旦这些"价值"置于市场背景下，它们的"货币价值"就表现出来了。

就政府和市场的关系来说，中国也没有走激进极端路线，即从以前的计划经济通过"休克疗法"转型成为市场经济，换句话说，从政府主导经济事务过渡到政府退出经济事务，完全让市场来主导。邓小平认为社会主义和资本主义都有"计划"，只是基础和方法的不同而已。这个判断是正确的，符合事实。

自改革开放以来，把原来的"计划"改为"规划"，既包容了市场经济，也保留了政府的经济功能。

改革开放以来，中国是当代世界少数几个成功地解决了"国家与发展"问题的国家。如果说在近代以来的很长一段时间里，我们的主要任务是马克思主义中国化，那么改革开放以来，除了马克思主义中国化的继续，我们还面临着一般意义上的西方理论中国化的挑战。改革开放以来，中国内部方方面面的发展都是在开放状态下进行的。中国向各国学习，包括发达的西方国家。在开放状态下发展就要求我们和西方接轨，而和西方接轨的过程也是我们成为世界经济体内在一部分的过程。

中国共产党第十九次全国代表大会报告提出"中国方案"的概念，即中国的现代化模式。这个模式为世界上那些既希望加快发展，又希望保证自身独立性的国家与民族提供了"另一种制度选择"。这个陈述非常重要，表明中国既通过全球化与世界经济融合从而获得了发展，同时又保持了自身的独立，没有产生对西方世界的依附。

为什么中国能够同时实现"发展"和"独立"两个目标？就意识层面而言，这里主要有两个要素在发生作用。第一，近代以来马克思主义中国化的实践经验。早期，无论是照抄照搬西方经验还是照抄照搬苏联经验都失败了，只有经过了马克思主义中国化之后，中国才取得了成功。我们接受了这个惨痛的教训，并且在改革开放之后一直牢记着这个教训。第二，更为重要的是传统实践经验，用今天的话来说就是文化自信。实际上，改革之所以成功，从更深层次的文化层面来说，便是对中国传统政府与市场关系的回归。从传统看，中国的改革不是"无源之水"，而具有必然性。这种深远的传统使得中国和其他国家区分开来：和西方区分开来，因为中国尽管向西方学习市场经济，但不会放弃作为有效推动经济发展手段的国有企业，或者说，中国不会演变成西方那样的经济制度，使得政府不能有效干预经济活动；和苏联、东欧国家区分开来，因为中国既不会像这些国家那样通过简单的政治手段（政治开放和民主化）和"大爆炸式"的经济手段（政府退出经济活动和激进私有化）来幻想谋求经济发展，也不会像这些国家那样把发展经济的责任完全交给市场。中国的经济发展依靠的是政府和市场两条腿走路，两者都发挥了各自的作用。中国也和很多发展中国家区分开来，后者幻想通过依赖西方经济来谋求发展，最终成为西方经济体的一部分。在主观层面，中国在学习西方的同时改造和修正西方理论来适用于中国实践；在客观层面，中国经济规模巨大，西方很难消化和整合中国经济体。

西方今天不承认中国的市场经济地位，主要是从西方的意识形态出发的。但另一方面，客观上，中国怎么变也的确不会变成西方那样的市场经济。中国还会继续是历经悠久历史实践的三层资本、三层市场结构，互相协调着往前发展。较之西方体制，这一结构有它自身的优劣。跟西方市场经济比较的话，中国一些经济部门主要是国有部门的效率会差一点。但这里必须指出的是，西方的公共部门（相当于中国的国有企业），其效率也是成问题的。再者，中国经济的效率和创新能力体现在其他两层资本上，即底层的民营企业和中间层并不比西方的低。

就中国的优势而言，中国三层结构的经济体能够预防大的经济危机、能够建设大规模的基础设施、能够大规模有效扶贫等。西方资本主义，正如马克思分析的那样，不可避免地会爆发周期性的经济危机，比如 20 世纪 30 年代的"大萧条"，1997—1998 年的亚洲经济危机，2007—2008 年的全球性经济危机，以及由新冠肺炎疫情带来的巨大经济下行压力等。中国过去 40 多年来基本上没有经济危机，这跟这个政治经济体制的调控能力有关系。自改革开放以来，中国在很短的时间里已经取得了巨大的经济成就，从邓小平所说的"贫穷社会主义"提升为世界第二大经济体。不过，中国对人类共同体更有意义的事情并不在于中国已经有多少人致富，而在于已经有多少人脱离贫穷。在过去的 40 多年里，中国已经促成了 8 亿多人口脱离贫穷。光是从十八大以来的不到 10 年时间里，我们就通过精准扶贫帮助近 1 亿人口脱离绝对贫困状态。这个社会奇迹远比经济奇迹更为重要。如何理解这个奇迹？要回到这里所论述的中国文明的政治经济观念及这一观念所演化出来的政治经济体制。

广义上说，东亚经济模式也是中国文明的衍生。东亚经济体包括日本、韩国、新加坡以及中国台湾和香港地区被世界银行视为"东亚奇迹"。人们发现，二战之后，在仅有的十几个逃避了中等收入陷阱的经济体中，东亚就有这五个经济体。而这五个经济体就处于传统意义上的儒家文化圈之内。在儒家文化圈内，一个普遍的意识是，推动经济发展就是政府的责任。这五个经济体内，对政府如何推动经济发展也有不同的看法，但没有人会怀疑政府要推动经济发展，它们的一个共识便是：发展是硬道理。进而，这五个经济体的政府不仅推动了经济发展，更花费了巨大的努力，通过社会建设，培养中产阶级，实现了社会的转型。今天，其中一些经济体（尤其是中国台湾）因为效法西方民主，"政府"与经济开始分离，"政府"无力继续推进经济发展，结果造成了类似西方的问题。这个趋势也是值得观察的。

三、中国实现共同富裕的经济制度基础

毫无疑问，中国要实现共同富裕，可以借鉴外国好的经验，但不可照抄照搬，而是要根据自身的比较优势，尤其是制度方面的比较优势，制定切实可行的政策、方案和路径。这方面，我们需要在总结大规模反贫困领域所积累的宝贵经验的基础上，继续探索和实现共同富裕。中共十八大以来，近1亿贫困人口实现脱贫。这份"脱贫答卷"并非市场经济的自然结果，而是政府推动的结果。纵观人类历史，既实现可持续经济发展，又保持可持续的社会稳定，是并不多见的。中国能实现稳定与发展的动态平衡，得益于中国共产党在政治上提供了可持续的制度支撑与领导主体，这是中国特色社会主义制度优越性的体现。

目前国内正在讨论以及国际关注的莫过于"三次分配"问题。三次分配是实现共同富裕的关键。正因为如此，2021年8月中央财经委员会第十次会议强调指出，"要坚持以人民为中心的发展思想，在高质量发展中促进共同富裕，正确处理效率和

公平的关系，构建初次分配、再分配、三次分配协调配套的基础性制度安排"。这里很明确，以人民为中心的共同富裕是目标，三次分配是实现这个目标的手段。但目前的讨论都没有理清楚很多理论和实践问题，尤其是过多地强调第三次分配，不仅给人一种"劫富济贫"的感觉，给企业家阶层带来很大的不确定性，造成浮躁情绪，而且也容易为海外反华、反共势力所利用，以攻击中国的政治制度。笔者认为，非常有必要把三次分配和共同富裕之间的关系说清楚，尤其是将此置于中国的制度背景下说清楚。

总体上说，三次分配的概念是在西方市场经济的环境下提出来的。在中国，我们自改革开放开始就一直在强调"一次分配讲效率，二次分配讲公平"，现在又加上了第三次分配的概念。这个大方向是正确的，但是社会上很多理解都走向了极端。初次分配主要讲效率，再分配主要讲公平是对的，但如果认为初次分配只讲效率，再分配只讲公平，那么就大错特错了。即使在西方也不是这样的，这种观点是极端的新自由主义经济学思维，也是目前实行新自由主义经济学的英美国家所遭遇的治理危机的根源。

如果把效率和公平之间的关系转换成劳动关系，那么就是要研究资本所得和劳动所得之间的关系。如果初次分配讲效率，那么就很难解释历史的进程。在奴隶社会，奴隶所得为零，奴隶主得到一切。那为什么奴隶制度会消亡？从马克思的观点看，奴隶制度的消亡是因为在这一制度下的奴隶没有生产积极性，因此没有效率可言。同样的逻辑适用于封建社会的消亡和西方资本主义社会从原始资本主义向福利资本主义的转型。历史发展证明了我们"以人民为中心的共同富裕"目标的适当性，因为劳动者越是成为生产（经济）过程的"利益相关者"（stakeholders），越是在这一过程中具有获得感，效率就会越高。英美国家实行典型的新自由主义经济学，资本所得过度，而劳动所得不足，这导致了收入和财富分配差距过大，社会高度分化，社会极度不平等。这是英美国家治理危机的经济根源。相比之下，如前面所讨论的，德国和北欧社会能够实现资本所得与劳动所得之间的平衡，保障基本社会公平，生产效率并不低于英美。实际上，世界上有很多企业在通过职工持股等方式尝试"分享经济"，即资本和劳动者分享企业成长成果。这样的尝试也是为了在效率和公平之间达成一个平衡。更为重要的是，这也增加了劳动者的责任感，以解决马克思当年提出的"劳动异化"问题。

同样，说"再次分配讲公平"也不全面。在西方的环境里，公平的确通过二次分配来进行，因为西方国家没有国有企业，只能通过税收来调节收入。但这仅是西方税收制度的一部分功能。自从凯恩斯主义提出以来，西方政府通过税收制度发展公共部门的经济，激励或限制一些部门的投资，以调节经济结构和促进经济增长。或者说，税收政策也被西方国家经常用作产业政策。税收政策的这些功能在我国体现得更为充分。我们不仅通过税收来调节分配，更为重要的是通过税收政策调节经济结构和促进经济的可持续发展。

至于"第三次分配"，无论在哪个国家，都只是扮演一个补充角色。在西方，最早履行第三次分配功能的是教会，有钱人基于宗教信仰，或是为了社会声望等，捐钱给教会，通过教会来接济穷人。商业资本主义和工业资本主义兴起之后，各国也产生了一大批社会慈善组织。资本捐钱给这些慈善组织，目的是缓解资本主义所产生的一系列负面结果。所有慈善组织一方面依赖资本，另一方面支持资本的运作。但是，随着资本主义的扩散，无论是教会还是慈善组织，都不足以承担全社会的分配功能。这就要求政府的介入，因为只有政府才能覆盖整个国家和所有领域。这就是欧洲福利国家的起源。世界上第一个社会保障制度就产生于俾斯麦时代的德国。但政府在社会福利领域扮演主要角色并不意味着教会和慈善组织的消失；相反，西方国家通过立法、税收制度、基金制度等一系列手段鼓励慈善组织，从而起到第三次分配的补充作用。现在多数西方国家，教会、慈善组织、教育机构（尤其是大学和科研机构）都可以受惠于第三次分配。美国最为典型，几乎所有好的大学都是私立的，都得到社会捐款。美国的公共电视频道也是通过社会捐款运作的。

在中国的环境下，如果要发挥第三次分配的功能，还需要做很多的制度性建设工作，鼓励和支持企业家、中上层中产捐款贡献，促进整体社会的进步。对第三次分配不能过度强调，因为这样做除了让民间"仇富"情绪有一个发泄通道外，还会给企业家造成一种不确定性。要实现共同富裕，我们还必须从一次分配和二次分配入手。

无论从实践还是理论上看，在任何国家，一次分配较之二次分配更为重要，一次分配是结构性的问题，而二次分配是政策性的。在很大程度上，二次分配只是一次分配的一个补充。在一次分配失效的情况下，二次分配再怎么努力也会无济于事。欧美发达国家一直努力通过一次分配，如反垄断、鼓励中小企业发展等举措，来实现一次分配的基本公平，然后用二次分配来改善公平。日本和亚洲"四小龙"也是如此。

当今世界各国变得越来越不公平这一事实，意味着一次分配和二次分配的失效。然而，值得深思的问题在于为什么会失效。

第一，二次分配的失效。通过税收政策来实现的二次分配，是大多数国家解决社会群体之间或者区域之间收入差异的最主要手段。政府通过税收政策，一方面调节经济发展（如通过减税提高投资者的动力），另一方面保障基本社会公平。但是在今天全球化的条件下，各国公司通过跨国形式来逃避税收，这极大制约了主权政府的征税功能，导致二次分配的失效。而二次分配的失效必然影响一个社会的收入分配公平。

第二，更为重要的是一次分配的失效。这也和全球化有关。那么，全球化是如何导致一次分配失效的呢？

首先，在全球化状态下，各国针对国内企业的反垄断机制已经变得不起作用。现在的跨国企业越做越大，其经济活动遍布全球，分布于不同的主权国家。垄断越多，攫取的高额利润越可观，分配就越不公平。

其次，所有者和管理者之间的关系发生了变化。最初，所有权和管理权合一，不存在分配问题。随着企业做大，就出现了两者的分离，即所有者雇用专业人员来管理企业。这里，所有者的权力仍然大于管理者，但全球化已经导致管理者坐大的情况。这至少有三个因素。第一个因素是所有者弱化。在很多情形中，所有者表现为一个集体，即一个公司的投资者有很多人，例如企业的持股人都可以说是所有者。作为一个投资集体，其权力必然是分散的。第二个因素是企业投资的分散化。现代企业尤其是跨国公司往往在不同的领域投资。第三个因素是企业体制的全球化。第二、第三个因素在很多场合是重合的，而这些环境变化使得现代企业变得极其复杂，这就更需要有专业背景的管理者。打工者（管理者）"打败"所有者成为现代经济的一个普遍现象。这些年来，跨国公司尤其是在金融领域，打工者往往获得巨额工资和奖金（"红包"）。即使在企业亏损的情况下，这些打工者仍然可以获得大量的奖金。这种现象尽管导致整个社会的不满，但仍然在继续。为什么？因为企业不能失去这些打工者，一旦失去了他们，企业的命运会变得更差。在这种情况下（无论是实际的还是心理上的），打工者很容易挟持企业。企业的很大一部分财富就进入了打工者的口袋，而非所有者的口袋。

最后，劳资关系也发生了很大的变化。全球化导致劳资在主权空间上的分离（即企业可以雇用外国工人）的情况。也就是说，因为不用付给外国工人足够高的工资，外国工人所创造的大量财富就流向了资方及其管理者。这也加剧了收入分配的差异。

尽管中国也深受全球化的影响，存在着收入和财富分配不公的现象，但在解决社会不公问题上，中国很难重复西方国家的做法。中国需要利用自己的制度优势来解决社会不公问题，实现共同富裕，正如我们发挥制度优势全面脱离绝对贫困而实现了全面小康社会一样。

我们所说的社会主义制度优势体现在多个方面，其中很重要的是中国的基本经济制度。这一基本经济制度既和从前的计划经济不同，也和西方各类资本主义经济不同，表现为混合经济。具体来说，就是三层资本结构和与之相适应的三层市场结构。在顶端，我们有占主导地位的国有资本；在底层，我们有以庞大的中小微型企业为主体的民营企业；在这两者之间，我们还有一个国有资本和民营资本互动的中间层。与这三层资本结构相对应的便是三层市场结构，顶层市场以国有资本为主体，基层市场（主要是民生经济）以民营资本为主体，而中间层市场则是国有资本和民营资本的混合体。

古希腊哲人亚里士多德曾说过，混合政体是最好的政体，因为其能够实现各方利益的平衡。同样，我们认为，混合经济体是最好的经济体系，因为它能够在发挥各个经济主体的积极性和优势的基础上平衡各个经济主体的利益。

三层资本和三层市场具有文明性，从汉朝到今天都是如此。尽管三层资本之间有竞争，但主要是分工与合作关系。国有资本一直占据主导地位，并且国有资本或者企业要在一些经济领域处于垄断地位。今天，国有资本担负着基础设施建设、国防、发展国民经济支柱产业和创新、调节经济（即中国经典经济学所说的"轻重"）、应付危机等责任，这些都是民营企业没有能力承担的责任。而占据基层市场的则是民营资本，民生经济的大多数领域都属于民营资本，民营资本也承担了大部分创新的任务。在国有资本和民营资本互动的中间层，两者之间进行合作，协调各自的发展需求。

无论就反贫困还是实现共同富裕而言，中国在经济哲学和经济工具方面都具有优势。在经济哲学上，中国文明历来把管理经济作为政府的责任，近代以来更是把经济发展作为政府的责任。中国古典经济学（《管子》和《盐铁论》）的核心概念就是"轻重"，"轻重"的主体即是政府，我们可以说，中国经济便是政府经济。的确，从古至今，国家在基础设施（尤其是水利建设）、军事设施、支柱产业等领域扮演着主要角色。不过，传统上，政府主要还是通过平准经济来维持社会的稳定，政府没有推动经济发展的功能。近代以来，政府的经济责任除了传统上平准经济的功能之外，更加上了推动和发展经济的责任。政府的经济责任一直是中国文明的核心，广为社会接受和认同。直到今天，如果有人说政府不用干预经济，没有几个中国人会接受。

西方则相反。西方直到罗马帝国时期，经济哲学和中国并无很大的差异，也把管理经济视为政府的责任。但近代资本主义兴起之后就发生了根本性的变化。近代以来的一大趋势就是经济和社会的分离、资本和政府的分离、经济和政府的分离。近代以来的西方经济学讲供需，而供需的主体就是市场。政府和经济之间的这种分离既是西方的优势，也是西方的劣势。就优势而言，这种分离赋权资本，使得资本发展获得了自由；就劣势而言，这种分离使得经济和社会脱嵌，政府很难干预资本，实现社会整体利益。

的确，就政府和经济之间的关系而言，西方政府只有两种工具，即财政和利率。财政就是税收，通过财政干预经济最典型的便是凯恩斯主义。利率即是通过中央银行体系干预金融市场。但是，今天这两个手段都处于失灵状态。在政府债务过大的情况下，财政手段就失灵了；当利率趋于零甚至负利率的时候，利率手段就失灵了。因此，今天西方各国政府普遍使用所谓的量化宽松手段，即通过大量发行货币来影响经济运行，但量化宽松无法从根本上解决问题，只是把问题推给未来。

比较而言，中国政府干预经济的手段更多、更有效。除了财政和利率手段之外，我们还有一个强大的国有企业（资本）部门。无论在推动经济发展还是在调节经济上，国有企业的作用都不是西方所拥有的手段可比拟的。实际上，国有企业的存在也促成中国的经济体制具有今天人们所说的"举国体制"的特点。中国改革开放以来，世界上不断有危机发生，包括1997—1998年亚洲金融危机、2007—2008年世界金融危机、近年来的新冠肺炎疫情危机等，但是中国都能有效规避或应对这些危机。很显然，中国所具有的能力与其经济体制有关。而中国在推动经济发展和扶贫方面的能力，更造就了世界经济史上的奇迹。

因此，中国有能力协调好增长与公平之间的关系，最终实现共同富裕的目标。增长还是第一位的，没有可持续的经济发展和增长，分配就谈不上。无论是追求增长还是公平，都要考虑到中国经济制度的特质，协调好三层资本之间的关系，处理好三层市场之间的关系。说得再具体一点，无论是追求增长还是追求公平，人们都要从三层资本这个客观存在的结构出发。如果说三层资本结构使得我们实现了增长，消除了绝对贫困，应对了危机，那么下一步就要考虑如何追求共同富裕，也就是公平，也就是在继续做大蛋糕的同时分好蛋糕。而这又涉及如何协调三层资本的问题。这个问题我们会在接下来论述民营企业发展的章节中进一步讨论。

第五章

全过程开放经济与社会公平

一、人类对社会公平的探索

在经济研究领域，我们不难发现这样一个有害的现象：尽管经济和伦理密不可分，但在主流经济学研究中，伦理始终不是经济学的内在一部分。当代主流经济学拼命想使经济学成为自然科学意义上的硬科学（例如数学），而去除其道德伦理考虑。经济学的这种演变并不是自然而然的现象。

被称为"现代经济学之父"的英国哲学家、经济学家和伦理学家亚当·斯密一生奉献了两部传世经典，即《道德情操论》（1759年）和《国富论》（1776年）。前者为伦理学著作，后者为经济学著作。相较于《国富论》，斯密似乎更重视自己的《道德情操论》。而在《国富论》中，斯密也是在努力探讨基于自私本性之上的个人行为和公共利益之间的关系，这表明他并没有忘记人性和经济的道德面。在马克思那里，对资本主义的批评更是建立在对人类道德追求的基础之上的。尽管近代以来，西方总体表现为经济与政治的分离、经济与社会的分离、经济与道德的分离，但一直到凯恩斯主义经济学，西方经济学还是考虑到经济稳定对整体社会的影响，考虑到经济对社会道德的影响。只是在20世纪80年代以降的新自由主义经济学中，经济的道德面被完全抛弃了，西方各国的经济政策走向了我们所称的"GDP主义"，结果造成了今天的严峻局面：经济越发展，社会越分化；社会越分化，社会阶层之间的对立也越严重；而社会阶层的对立，轻则造成社会的不稳定，重则导致社会共同体的解体。

这也说明了，我们在追求共同富裕的时候，必须重新重视经济的道德面。道德必须是嵌入经济行为中的。实际上，今天我们讨论第三次分配，也主要是基于人的道德情怀或者宗教情怀之上的。如果道德要嵌入经济行为，那么就要改变道德与经济"脱嵌"的现状，而塑造这样一种嵌入型经济结构，我认为是有可能的。

最近几年，我把研究的重点转向了中国政治经济学，对经济（或者商业）伦理非常感兴趣。我对中国历史上的政治经济思想做了一些梳理，并花了十多年时间写成了一本著作（《制内市场》，与黄彦杰博士合作）。在研究过程中我发现，人类塑造一种道德嵌入型经济结构是具有现实性的。

中国传统儒家意识形态被视为一种伦理学说。德国社会学家马克斯·韦伯在《新教伦理与资本主义精神》中力图论证儒家伦理为什么不利于商业发展，不利于资本主义的发展。但在日本、亚洲"四小龙",以及后来中国经济发展起来以后,海外有历史学家写了有关儒家伦理与商业精神的文章和著作,证明儒家伦理也是可以促进经济发展的。我后来发觉,问题还并不是那么简单,中国的商业伦理不仅仅是儒家的商业伦理。我个人认为,道家的商业伦理跟儒家商业伦理相比,或许更深刻,更有助于经济的发展。此外,法家对商业也有自己的看法。中国的商业伦理是多元的,儒家商业伦理覆盖不了中国总体商业伦理。

中国传统几千年的意识形态中,"士农工商","商"被放在最后。"商"的意识形态地位很低,但是中国几千年的"商"的经验是非常丰富的,实践也同样,只不过我们还没把它梳理成为系统的知识体系。今天浙江强调要从"浙商"发展为"责商",责任引领经济。从中国历史经验来看,我们"商"的地方经验非常丰富,山西的商会、古徽州地区的徽商都有自己的商业责任观,各个地方都有它的商业伦理。这些确实需要我们学者花大量的时间去梳理总结。这是一个大有可为的新的知识领域。在共同富裕成为新发展阶段的战略目标的背景下,我们尤其要重视挖掘和弘扬中国传统优秀的商业文化和经济伦理。

我想,共同富裕不仅是商业伦理的一部分,而且是核心内容。如何在实现经济增长的同时实现共同富裕,也就是如何同时实现财富增长和社会公平这两个目标,这是对人类社会的一个很大的挑战。追求财富与实现公平是人类历史几千年中始终面临着的两个难题,也是始终在追求的两个目标。谁不想致富呢?中国人常说"鸟为食亡,人为财死",对财富的追求是很重要的。但是，有了财富以后怎么做到公平呢？这是一个核心问题。我们看世界经济史，人类几千年的历史，大部分时间都处于农业社会，大部分社会都处于贫困甚至极端贫困状态。当然也有一些富裕的时候，如中国历史上宋朝的商业发展时期。但是宋朝那样的现象并没有普遍化，没有在世界其他国家、其他地区发生。人类真正开始对财富的追求发生在近代以后，是近代商业革命尤其是工业化以后的事情。但是直到今天，人类对如何同时实现这两个目标找到有效方法了吗？从现实来看，这两个目标能同时实现的社会少而又少，甚至越来越少。

我们在前面的章节讨论过，从共同富裕的角度，可以把今天的国家分成三类。第一类国家，也就是大部分国家，它们还处于贫困状态，有些甚至是绝对贫困状态。中国改革开放40多年，实现了一部分人先富起来，一部分地区先富起来，我们现在有4亿中产，并促成了8亿人口脱离绝对贫困。但是中国的经验是非常特殊的，没有在其他国家发生。我们通过改革开放富裕起来的时候，很多国家还依然停留在贫穷状态，甚至变得更穷，比如今天南北差异和分化的程度有增无减，非洲撒哈拉沙漠以南的很多国家还处于绝对贫困状态。即使在我们周边，很多亚洲国家本来在20世纪七八十年代已经进入中产社会，但经历1997—1998年金融危机、2007—2008年世界金融危机后，现在情况也在恶化。毫无疑问，今天世界大部分国家还处于贫困状态。

第二类，一部分发达国家，以英美为代表。这些国家在过去40多年的全球化过程中确实富裕起来了，全球化带给他们巨量的财富，但同时也导致社会公平出现问题。这类国家我称之为"富而不平"的社会。英美不仅是典型的资本主义国家，还是典型的民主国家，但是为什么今天民粹主义在这些国家崛起呢？用中国的话语来说就是他们没有解决好共同富裕的问题，也就是财富分配的问题。以美国为例，20世纪90年代初期我留学的时候，他们还很自豪地称自己是"中产社会"。美国学者甚至不愿意用中产阶级的概念，他们认为阶级这个概念属于欧洲人，不属于美国这个开放社会。而90年代以后，情况发生了变化，尽管全球化为大家带来了巨大的财富，但是美国中产阶层的规模却越来越小。从1945年到20世纪80年代，包括美国在内的西方发达国家的中产阶层都达到了70%的人口规模。但是80年代以后，由于新自由主义崛起，财富分配越来越不公平。今天的美国人，无论是学者还是媒体，都把美国社会称为"富豪社会"，即社会的绝少部分人掌握了社会的绝大部分财富。所以，我们可以把这样的社会称为"富而不平"的社会，即社会是富裕的，但是很不公平。

第三类，非常少量的社会可以说实现了我们所说的共同富裕，主要是北欧那些社会主义性质的国家。这些国家都在欧洲，社会主义成分比较高，福利做得比较好。但是这些国家的社会具有其他社会所没有的一些特质，一是社会相对具有同质性，二是发展比较早，还有就是社会人口比较少。

因此，我们可以说，人类到今天为止还远没有解决发展与公平之间的问题，或者说效率与公平之间的关系问题。

二、西方产权制度的危机与中国的历史经验

人类历史上，人们从来没有停止过对社会公平的探索。近代以来，至少从马克思开始，人们一直在寻找实现社会公平的方法。如果从产权制度的角度来看，这个思想的历程还是很有意思的。

近代古典经济学家亚当·斯密、李嘉图等，他们探索的主要是一个国家如何追求财富和致富的问题。所以，亚当·斯密写了《国富论》。李嘉图提倡劳动分工和比较优势，认为可以通过自由贸易追求财富。大多数古典经济学家都认为私有产权和对私有财产的保护能实现社会的致富。但是另外一端，也是从近代开始，至少从卢梭开始，欧洲社会很多思想家认为私有产权是人类不公平的根源。马克思揭秘资本的运作，主要是为探讨社会公平的问题。所以，西方就有了两条路线，一条是以亚当·斯密为代表探讨如何创造财富的问题，另一条是以马克思为代表探讨如何实现社会公平的问题。

对于后一个问题，又有两种方法。第一种方法就是欧洲学者所提倡的纯私有制方法。今天，不管是新自由主义也好，新制度主义也好，西方的经济学、政治经济学都特别强调私有产权以及对私有产权的保护。但纯私有产权制度这一条路走得很辛苦。实际上，从马克思所说的原始资本主义阶段到后来的福利资本主义阶段，欧洲经历了长期的甚至是非常暴力的社会主

义运动。今天，西方的福利社会也处于艰难的演变过程之中。实行典型的私有产权制度的英美国家，没有解决好财富和公平的问题，迄今社会分化问题还在恶化。

另一种是纯公有制方法，即国家所有制。这一端，最典型的就是苏联的计划经济制度。苏联的公有制度是苏联国家动员体制的基础，这一制度在早期也取得了辉煌的成就。20世纪二三十年代，在欧洲呈现出人人都称自己为"社会主义者"的局面。苏联模式确实对欧洲、对整个世界产生了重大影响，但是，最后垮掉了。所以，它也是失败的。从这两个过程来看，有两点经验是比较清楚的：第一，纯私有制和纯公有制都没有成功；第二，相比较而言，纯私有制比纯公有制还成功了一点点，因为西方尽管出了很多问题，但生存下来了，而苏联没有生存下来。应当指出的是，尽管西方私有财产制度生存下来了而苏联式的公有制度消失了，但这一事实并不在任何意义上表明，公有财产制度必然会消亡而私有财产制度会永恒存在。实际上，今天西方典型的私有财产制度（以英美为典型）也面临着深刻的危机。

如何解决这个问题？从我个人这些年的研究来说，我们可以从中国2000多年的历史经验中找到诸多解决方法。就产权制度而言，中国政治经济学里面有很多经验可以总结和学习。我最近一直在强调，中国的政治经济学原创性理论有三个来源，一个是中国2000多年的"远历史"实践经验，一个是近代以来的马克思主义中国化的"中历史"实践经验，第三个是我们改革开放以来的"近历史"实践经验。

2000多年的历史经验，我觉得最为重要。诚如福山所说，中国实际上从秦汉时期开始就形成了"modern state"，即第一个欧洲意义上的"近代国家"。或者说，欧洲近代才出现的国家形式，中国在秦汉时期就出现了。不仅如此，纵观2000多年的历史，我认为中国从汉代开始就形成了一个非常"近代"的混合经济体系。在《制内市场》一书中，我们论证，中国从汉朝到现在，经济结构基本上是由三层市场、三层资本构成的。顶层的是国有资本，底层的是以中小型和微型企业为代表的庞大的民营经济和民营资本，在两者之间还有国有资本和民间资本互动的一个层面，或者称中间层。近代学者非常智慧，把当时的企业分成三种类型：一种是"官办"，就是现在的国有企业；一种是"商办"，即现在的民营企业；还有一种是"官督商办"，即现在的公私合作类型。这种分类方法基本上符合中国历史的传统经验。中国2000多年历史中只有四个阶段，并且是持续时间并不长的阶段，走向了"经济国家主义"，市场变得不重要了，国家在经济生活中占据了绝对主导的地位。第一个时期是两汉期间的王莽改革时期，第二个时期是宋朝的王安石变法时期，第三个时期是明朝第一个皇帝朱元璋的改革时期，第四个时期就是我们改革开放以前的计划经济阶段。这四个时期的时间并不长，每一个时期最多也就几十年时间。除了这四个时期，中国基本上处于这三层资本、三层市场相对均衡的状态。如果国家弱化，市场完全占据主导地位，或者国家主义盛行，政府完全占据主导地位，取代了市场，中国的经济都会失衡，都会发生深刻的经济危机。

也就是说，中国自古是混合经济的模式。西方也在提混合经济，但是中国的混合经济跟西方的混合经济不是同一回事。西方的产权制度过于极端，要么公有，像苏联这样的，要么完全私有，像英美国家。实际上，西方的产权制度，无论是私有产权还是公有产权，都是一种抽象的知识构造，并不是建立在经验之上的。在西方，人们对古代社会有两种知识上的想象。一种是美好的乌托邦，认为古代社会财产公有，社会平等，宁静和谐。另一种则完全相反，认为古代社会处于无政府状态，也即"一切人反对一切人的战争"。根据不同的想象，知识界创造了不同的产权理论。美好乌托邦论认为，人类所有的邪恶都源自原始公有制的消失和私有制的产生。上面提到的法国思想家卢梭就是这种观点的代表。另一端，相信古代社会处于无政府状态的人们则主张国家政权的重要性，倡导国家用强力来建立政权，保护私有产权，而私有产权则促成自私的人类活动最终通过"看不见的手"导向公共品的供给。亚当·斯密是这种思想的代表。

中国的产权制度和西方的不一样，很多人由此认为中国的产权界定不明确，不利于经济发展。这种想法更多的是把中国的产权制度置于西方语境下来考虑的。但是我想，这可能不是一个"产权不明确"的问题，而是在中国人的概念里，产权是可分的，而不是像西方那样，产权是不可分的。

较之西方想象的产权，中国的产权是基于经验之上的。中国很早就实行井田制。井田制有两个主要特点：第一，井田制开始把私有产权和公有产权结合在一起，即公地和私地放在一起；第二，开始把所有权和使用权分离开来。在中国古代传统社会，从理论上说，"普天之下，莫非王土"，即天底下所有的东西都属于帝王或者国家。但是，这只是理论上的所有权，实际使用权是归各级政府和不同社会群体的。这种情形到当代也还是这样。

新中国成立以后，中国学习苏联实行计划经济，但中国的计划经济和苏联的计划经济很不相同。苏联的"国有"往往意味着中央政府所有。但我在做博士论文的时候就发现，在计划经济时代，苏联的中央政府控制了90%多的经济资源，而中国的地方政府却控制了70%多的经济资源。并且，中国的产权名义上归国家/中央政府，但是实际上使用权是各级政府的，也就是说，国家所有权是可分的。在农村，即使是在计划经济时代，尽管所有的土地为集体所有，但每家每户都保留着"自留地"。这可以说是井田制的遗风，只不过在井田制下，私地多于公地，而在计划经济时代，公地多于私地。

又例如，中国现在的土地制度也是非常有意思的，所有权要么是国家的，要么是集体的，然后农民的土地产权又分为所有权、承包权和经营权。所以，对中国人来说，产权不是不清楚，而是可以无限分割，一直分下去。

这种可以分割的产权是不是有利于经济的发展呢？我认为这是我们可以加以研究和思考的。很显然，产权的可分割性有利于劳动分工。当前农村土地的所有权、承包权、经营权分离，是不是有助于劳动分工呢？如果每一个人都被绑在土地上，那么就会有问题。但如果没有土地，也会出现很大麻烦。有学者把中国农村农民所拥有的土地与今天欧洲一些国家在尝试实行的一人一份的"普遍工资"相类比，这是很有道理的。土地是农民的基本保障，如果其他地方出了问题，如进城务工失败，农民最终可以退回到土地上，这是保障。但平时因为承包权和经营权可以转让，农民可以外出打工，做事情。这样做有利于劳动分工。这一分工对经济的影响是一个可以研究的重要问题，至少较之简单的"私有产权"或者"公有产权"，更能解释中国的现实。

三、在全过程开放性经济活动中实现社会公平

根据中国的三层资本和混合产权制度，我提出一个"全过程开放性经济活动"的概念。这里的"开放性"也可以称为"参与型"经济活动，或者"包容性"经济活动。在这里，开放性、包容性和参与型是同一个概念，可以互相置换。

如果用"全过程开放性经济活动"的概念来理解今天社会上讨论的三次分配，很有意义。我们要实现共同富裕，三次分配的重要性是毋庸置疑的，因为所有社会都必须通过三次分配来实现社会公平。西方各国强调的都是第二次分配，即通过政府税收和财政政策的分配。但很显然，光是第二次分配不能解决问题。如果要实现社会公平，或者我们这里所说的共同富裕，社会公平就要体现在经济活动的全过程之中，即贯穿在我们所说的第一次、第二次和第三次分配中。

　　由此看来，今天人们对三次分配还有很多理论上的错误认识。很多人认为，第一次分配讲效率，第二次分配讲公平，第三次分配讲补充。我认为这种说法是值得商榷的。西方在分配上存在着的问题恰恰是因为其对三次分配的理解太绝对了。大家可以想一想，如果第一次分配只讲效率不讲公平的话，那么这个社会会是一个什么样的社会？如果第一次分配只讲效率，那么也解释不了历史。按现在的经济学理解，效率往往是就劳动所得和资本所得之间的比例而言的。如果这样，那么奴隶社会是不是最有效率？资本（奴隶主）拥有一切，奴隶是没有任何东西的，连奴隶本身也属于奴隶主。那么，如何解释奴隶社会的消亡？同样道理，如何解释封建社会的消亡？对任何社会来说，如果要实现社会公平，那么第一次分配最重要。我们为什么要强调"劳动致富"？因为一个人如果不能从劳动中致富，那么光靠第二次分配，能活下去就不错了，他可能永远是一个穷光蛋，更不用说靠第三次分配了。即使在西方，依靠教会或者其他人来救济，也没有人可以致富，或者过上体面的生活。所以，第一次分配如果不能实现基本的社会公平，那么这个社会的公平永远实现不了。因此，我认为，第一次分配就要实现基本的社会公平，然后再用第二次分配来平衡。

　　那么，第二次分配的作用呢？第二次分配当然要讲公平，但是第二次分配也不仅仅是讲公平，还要有促进经济发展（做大蛋糕）的考量。如果第二次分配只讲公平，那么如何解释凯恩斯主义？即使在西方，第二次分配也被普遍用来促进经济的发展，尤其是可持续的发展。第二次分配是国家通过财政税收政策来干预经济的行为。因此，第二次分配如果光是讲公平，也是不对的。

最后是第三次分配。今天，中国媒体上人们对第三次分配强调过分了。有人说，第三次分配如果强调太过就变成"抢劫"了。尽管这种说法有些夸张，但从历史经验来看，的确不可以过度强调第三次分配在实现社会公平过程中的作用。就第三次分配来说，西方国家尤其是美国，做得很好。美国大多数好的私立大学，还有优质的智库和研究院，都是民间资本在支持。欧洲也是这样的情形。但是，要达到这个目标，国家必须在第三次分配背后提供一整套法律、税收等制度体系的支撑。尽管像慈善这样的行为主要出于人们的道德关怀或者宗教关怀，但社会必须具有一整套制度为人们的道德关怀和宗教关怀提供保障。迄今为止，中国在这些制度方面的建设非常欠缺。在这样的情况下，如果过度强调第三次分配，就会给企业界带来不确定性。今天，媒体高调炒作第三次分配，搞得一些企业家"拼命"捐款。不过，这能解决问题吗？恐怕不能。在中国的场景里面，提倡第三次分配就是要提倡企业家的慈善精神，这是正确的方向。不过，我们要给企业家配套一整套制度，使他们有动机来捐款，而不是出于对政治上的压力，或者社会压力的恐惧。否则，这样的第三次分配，不仅会是不可持续的，更会带来负面效应。

所以，我个人认为，实现社会公平要把三次分配作为一个全过程来运作，而不能过度强调单一分配的作用。为什么要有"全过程"这个概念呢？我们一定要在第一次分配时就实现基本的社会公平，然后再由政府以第二次分配来改善社会公平，最后以社会慈善作为补充。从第一次分配到第三次分配，这是一个连续的统一体，每一个环节都不能封闭起来，都需要是开放性的、包容性的、参与型的。每一个环节都要讲效率，也都要讲公平。只有在这样的情况下，我们才可能实现一个共同富裕的社会。在这个过程之中，也隐含着我们今天所说的很多方面的商业伦理。

上面我提出来的问题，我本人也在思考过程中，这里先把这些想法抛出来供大家思考，一起讨论。我个人感觉到，无论是2000多年的中国大传统，近代以来的中传统，还是我们改革开放40多年来的小传统，我们在追求共同富裕方面的实践经验是很丰富的，作为学者，我们要总结中国的实践经验，将其提升成为概念、理论和原理。

需要再次指出的是，我们要强调的中国近代以来的传统是马克思主义中国化的实践，不是"原教旨主义"，或者本本主义、教条主义式的马克思主义的实践。客观地说，今天我们对马克思主义经济学的研究在许多方面都呈现出"原教旨主义"的倾向，很不利于总结我们丰富的实践经验。在毛泽东时代，中国革命的成功就在于马列主义的中国化；在邓小平时代，中国经济发展的成功，就在于马克思主义的中国化；今天我们的成功，仍在于马克思主义中国化。我们的成功在于我们接受了马克思主义"社会公平"这个价值，在于我们对马克思主义所倡导的实现这个价值的工具的深刻反思。马克思主义的"社会公平"的价值具有普遍性，是任何社会都要追求的。但是，马克思主义所提倡的那些工具是针对当时的欧洲社会而言的，比如说阶级斗争、消灭私有制和消灭国家等。这些工具已不符合我们今天的国情，不符合我们的文化，也不符合我们的文明。所以我们要接受马克思主义的价值观，而对于其所提倡的工具则要进行反思。这个传统需要继续。同时，这个传统也要反映到我们的学术研究上来。我们的不少学者把马克思主义的工具作为目的，本末倒置。如果把马克思主义的工具作为目的，那么在中国的场景里面将不仅实现不了马克思所说的社会公平的目标，反而最终会走向反面。

因此，我们不仅要总结我们丰富的实践，而且要在此基础上讨论这些实践的理论意义。从实践逻辑到概念和理论，是构建任何社会科学的必经之路。我们是学者群体，可以相对自由地建构一个中国的政治经济学知识体系和基于此之上的中国科学体系。我相信，如果对中国的经验和世界上已经实现共同富裕社会的国家的经验进行认真的总结和理论提炼，人们会意识到塑造一种道德嵌入型的经济结构是有可能的。

第六章
城市的可持续发展、城市治理
与共同富裕

　　城市治理不仅要看其内部的治理结构，更要看它的外部环境。迄今为止，人们讨论城市治理过于侧重内部治理结构，尤其是过分强调技术因素，如大数据、智能和监控，而忽视了外部环境，也因此无法预见城市发展的方向。历史地看，一些城市崛起了，而另一些城市衰落了，但无论是崛起还是衰落，都不仅仅是治理好坏的结果，更重要的是城市大环境变化的结果。也就是说，城市治理只关系城市生活的好坏问题，而城市大环境的变化则关系城市的生存问题。本章主要从城市可持续发展，尤其是经济可持续发展的角度来讨论中国的城市所面临的环境和挑战。

一、城市共同富裕的实现必须通过可持续的经济发展

城市的可持续发展更是今天中国社会正在热烈讨论的"实现共同富裕"的关键。人们经常把贫困现象视为农村现象，但这并不确切。的确，中国的贫困人口主要聚集在农村地区，过去数十年的反贫困努力也主要是针对农村。但是，必须意识到，高速的城市化进程已经促成了大多数农民居住在城镇，尽管他们中的很多人还没有获得城市居民的身份。世界经济史经验表明，随着城市化的进程，贫困现象不仅是一种农村现象，更是一种城市现象。城市贫困现象是已经城市化的社会的普遍现象，而这种现象也早已在中国的各个城市中出现。因为人口的集聚性质，如果人口集中的城市的财富和收入差异过大，那么其对社会和政治可能产生的负面作用远较农村为甚。因此，中国要实现共同富裕，光考虑农村的共同富裕还远远不够，必须把农村和城市作为一个系统来考量。而城市共同富裕的实现，必须通过城市可持续的经济发展。

从经济发展的角度来看，城市治理的核心是实现可持续发展，而城市的可持续发展是城市实现共同富裕的前提，没有可持续发展，包括城市贫困在内的所有的治理问题都会恶化，甚至发展成为危机。尽管经济社会发展也会给城市带来很多的问题和挑战，但这些问题和挑战都可以在发展过程中得到解决。如果经济社会不发展了，那么城市就会衰弱，而且往往是系统

性的衰弱。城市一旦衰弱，城市的有效治理就缺失条件，那么城市的可持续发展以及基于此之上的共同富裕也就无从谈起。

美国的一些城市就是因为城市的衰弱而出现严峻的问题和治理危机。我们可以比较深圳崛起与美国"铁锈带"衰落的故事。深圳是从20世纪80年代初的一个小渔村（城镇）发展成为现在的超一线城市，人口规模已经超过2000万，并且还在增加。人口之所以发展是因为深圳的产业在不断开拓、优化，有了产业，社会就有就业，政府就有税收。美国的"铁锈带"在20世纪80年代以前非常辉煌。这个地区曾因汽车工业而崛起，但今天却因产业变迁，城市没有及时转型而变成"铁锈带"。城市的衰败使城市治理也面临严重危机，社会层面暴力丛生，而政府不再有效运作。

也就是说，城市的有效治理首先是要塑造一个城市可持续发展的环境。之所以把这个问题提出来，是因为我发现中国的城市治理出现了一些不好的趋势。城市是由"城"和"市"两部分组成，前者是结构和物理空间，后者是经济交易和社会生活空间。但在现在的城市治理架构下，"城"越来越大，而"市"的空间却被严重压缩，甚至被治理掉了。这些年来，在不少地方，城市治理被简单地理解成为"美化"城市，"清洁化"城市，在这个过程中，不少商业活动被取缔，被清理。随着城市的发展，各种活动的确需要规范，但不能像我们的一些城市那样，简单粗暴地清除小商贩，或者驱赶底层人口。这是违背城市发展规律的。结果，一些城市的"城"越来越大，楼房越来越多，但商业活动越来越少，人越来越少，甚至出现"空城"

和"鬼城"现象。也就是说，这种"城市治理"不是在为城市塑造一个可持续发展的环境，而是在迅速恶化这个环境。如果这个趋势不能改变，那么一些城市的衰落就会提前到来。这个现象需要引起我们的重视。

二、从大环境看中国城市的高速发展

今天中国的城市化是过去数十年城市环境变化的结果。以粤港澳大湾区为例，珠三角城市化是20世纪70年代末中国改革开放以来开始加速的，城市群更是区域经济发展的结果。这个区域经济高速发展具有几个条件。

第一，全球化。我们今天讨论"外循环"，但实际上珠三角的城市从一开始就是在外循环中成长起来的，是在开放条件下成长起来的。因为全球化，我们的城市在国际劳动分工中占据了一个比较有利的位置。今天，广州作为国际商贸中心城市的地位得到强化，深圳成为科创城市或者中国的"硅谷"，东莞和佛山是制造业城市，这些都跟全球化所产生的国际分工有关系。

第二，技术进步。改革开放以来，中国成为西方国家，尤其是美国，技术最大的应用市场。美国这些年指控我们"偷"了他们的技术，这当然是诬蔑和妖魔化我们，但我们的确从西方技术扩散的过程中获得了很大的技术进步。需要强调的是，尽管我们过去主要是西方技术的应用市场，但今天我们在经过数十年的技术应用之后开始转向原创性技术。从应用技术到原创技术具有技术自身发展的逻辑。这一技术发展逻辑表明，我们必须对"中国制造"有正确的理解。在20世纪80年代之前，当人们说"德国制造"、"美国制造"或者"日本制造"的时候，这些国家大都生产的是整产品，因为那时的全球化是有限全球化，局限于传统的投资和贸易。但20世纪80年代之后的全球化全然不同。由美英两国的里根革命和撒切尔革命开始的新自由主义政策导致了人们日后所说的"超级全球化"。在超级全球化下，资本、技术和人才获得了很大的自由，可以在全球范围内流动，大大促进了国际劳动分工，由此也出现了全球和区域范围的产业链和供应链。在这个背景下，"中国制造"的内涵发生了很大的变化。"制造"已经不是原来意义上的了，更科学地说，是"中国组装"。一个产品的很多部件在他国，尤其是亚洲其他国家生产，然后运输到中国，在中国组装之后再出口到世界各国。

第三，人口红利。经济学家们一直在强调人口红利对经济发展的重要性。不过，人口红利的释放是需要条件的。近代以来，最重要的条件就是工业化。经验地看，很多国家都存在着人口红利，但只有在工业化起飞之后，人口红利才能释放出来。就珠三角地区来说，全球化的工业化赋能珠三角，吸引了大量来自中国各个地方的"移民"，即农民工"移民"。在中国加入WTO之后的很多年里，珠三角成为"中国制造"中心，每年的农民工约有3000万。美国说中国"偷"走了美国的就业。的确，20世纪80年代以后，美国的技术发展没有给美国带来就业，因为美国的技术输出到包括中国在内的发展中国家，给这些国家带来了就业。在某种意义上，珠三角的农民工其实就是"美国的工人阶级"。

第四，民营企业群的崛起。中国现在的混合经济体从改革开放之前的计划经济演变而来。民营企业的成长主要有三个来源：第一，国有企业领域之外的领域，大多从早期的个体户发展而来；第二，民营化，在20世纪90年代中期的民营化中，诸多国有企业转变成为民营企业；第三，外资，主要在制造业和高科技领域。简单地说，西方技术在中国的应用就是通过外资而实现的。再者，通过外资成长起来的民营企业具有坚强的生命力，因为这些企业往往是技术类型的。当然，很多企业已经和外资脱离，变成完全的本土企业。就与西方的关系而言，中国的国有企业从来就没有和国际经济接轨，既是因为体制之故，也是因为西方对中国国有企业抱有"意识形态"的政治偏见。而通过外资成长起来的这部分民营企业从一开始就和世界经济相关，或者说它们本来就是世界经济体的一部分。换句话说，民营企业一直是中国和世界经济接轨的主力。这一点自美国特朗普政府发动对中国的贸易战以来看得非常清楚。从特朗普到拜登，美国政府一直千方百计地想和中国经贸脱钩，但并没有成功。经验地看，美国和中国脱钩不成主要是中国民营企业的功劳。在国际经济中，中国的民营企业已经展现出非常强的韧性。

以上这些就是我们城市发展的国内和国际背景。国内背景是开放，国际背景是全球化状态下所形成的国际劳动分工。离开这些条件，就很难理解中国过去数十年快速的城市化。归根到底，如果没有经济的发展，哪有城市化可言呢？

三、城市可持续发展的挑战与实现

今天我们的城市发展面临着新的挑战，甚至是异常严峻的挑战。我们至少可以从如下几个方面来讨论。

第一，美国仍然在同中国进行经贸技术等方方面面的系统性脱钩。尽管到目前为止中美还没有脱钩，或者最终美国脱钩的努力也不会成功，但美国脱钩的行动对中国民营企业必然产生非常负面的影响。例如，科技脱钩已经产生了很大的影响。深圳是高科技企业非常集中的一个城市，但自中美贸易冲突以来，深圳的GDP增速已经放缓。因为华为等高科技企业对深圳的经济增长贡献很大，美国打压华为等企业，也直接影响了深圳整体的GDP增长。深受影响的还不仅仅是经济增长，还有与此密切关联的就业和税收。

第二，新冠肺炎疫情也对中国民营企业产生负面影响。如上所说，中国制造业尤其是外向型制造业以民营企业为主体，疫情已经导致民营企业的萎缩。尽管世界范围内，中国是疫情防控做得最好的国家之一，但国际供应链和产业链的断裂直接影响到民营企业。必须指出的是，其他国家在疫情防控方面的失误或者不力导致这些国家正常的生产活动受到影响，这反过来刺激了中国一些民营企业的反弹和复苏，但这种现象很可能是临时的。一旦这些国家的经济活动恢复过来，中国很多民营企业的活动就会受到影响。

第三，国际劳动分工导致的产业单一化。产业单一就意味着城市发展的风险。美国的"铁锈带"就是一个很好的案例。因为其主要产业为汽车工业，一旦汽车业衰败，整个城市就开始衰落。中国很多城市的发展也说明了这一点。例如，在计划经济时代，很多能源型的城市曾经辉煌过，但改革开放以来，因为没有及时进行产业转型，便开始衰落了。很多年来，人们担心中国的东北老工业基地会不会变成中国的"铁锈带"。这种担忧并非毫无道理。"振兴东北"战略已经提出很多年了，但情况并未好转。今天的东北不仅经历着人才荒，而且还有人口荒。由于经济活动萎缩，每年人口大量流出。各级政府对此极为重视，也想尽了各种办法来振兴东北。但是，在缺乏基层和市场动力的情况下，政府的作为并没有改变困难局面。今天，由于各种原因尤其是中美贸易战，无论是长三角还是珠三角或是其他区域，一些城市也已经开始出现这种情况。如果一个城市过于依赖几个产业或者几家大公司，一旦这些产业和大公司出现问题，这个城市就可能陷入衰落的危机中。

概括地说，中国前面40多年的城市化是经济高速发展的产物。那么，一旦经济发展降速或者经济萎缩，对城市会产生怎样的影响呢？GDP增长、就业、税收、民生等所有方面都会受到负面的影响。无论国外还是中国本身，这方面的经验已经有不少。今天，北方一些城市因为经济萎缩，地方财政已经成为一个大问题。少数城市的政府因为财政困难开始对民营企业和社会乱收费，导致政府和社会关系的紧张。我们有理由担心，随着国际环境恶化尤其是美国主导的脱钩运动，我们一些城市的经济会面临不同程度的萎缩。人们不希望美国"铁锈带"的情况在中国发生。如果发生了，这不仅仅是经济发展问题，更是社会稳定问题，甚至是政治问题。因此，我们必须思考如何去应对这种国际环境变化对城市的影响。

正如经济增长是一个复杂的系统，避免经济衰落也是一个复杂的系统。就城市的发展和治理来说，我们可以从如下几个方面来讨论。

第一，要以经济建设为中心。2021年12月召开的中央经济工作会议又重新提"以经济建设为中心"。城市发展是否"以经济建设为中心"？这是关键。这一点对国家整体重要，对城市的可持续发展更加重要。只有各个部门的工作都围绕经济建设这个中心，才能实现可持续发展。我们经常说"纲举目张"，经济工作是"纲"。"以经济建设为中心"已经好些年不提了，或者没有继续强调了。过去，一味地追求GDP的增长或者人们所说的"GDP主义"导致了很多问题，例如收入差距扩大、社会分化、劳动者权益受损、环境恶化等。如果这样，经济发展就会是不可持续的，而且经济发展本身也会失去意义。但一旦不提"以经济建设为中心"，很多地方就失去了工作的组织原则，即没有了"纲"。就像前面所说的，在城市治理中为了治理"城"而损害了"市"，妨碍了经济的发展。此外，也必须强调，我们今天再次提"以经济建设为中心"，指的是质量型经济的发展，而不是以前那种简单数量型的经济发展。高质量经济发展依靠的是技术、规则、文化和环保。

第二，要开放状态下的技术升级。科技是生产力。城市产业的发展与技术升级是息息相关的。在东亚地区，自20世纪70年代以来，日本和亚洲"四小龙"差不多每十年就实现一次产业升级，产业升级都是在开放状态下实现的，要么是改进旧的技术，要么是引入新的技术（包括自身的原创性技术和来自西方的技术）。今天在中美竞争的大背景下，政府、国有企业和民营企业都很重视对技术研发的投入。经验地看，一个城市如果没有技术研发的投入，不仅高质量的发展目标不能实现，从长远来说，城市也会陷入衰败。

应当指出的是，即使在技术领域，我们也面临着民族主义和民粹主义情绪高涨的局面。在社会层面，一些人真的相信我们已经赶上了西方。这种情绪也延伸到政府，由于懂技术的技术官僚型官员的减少，一些官员也开始持社会流行的看法。

我们提"举国体制"是没有错的，但不要忘记这是新型举国体制。传统举国体制是苏联式的体制，也就是"关起门来自己创新"。苏联的这个体制在早期也有一些成就，但不能实现可持续发展目标。这有两个原因：第一，在封闭的情况下，技术创新缺少新的思想，久而久之便没有了竞争压力。第二，没有国际市场创新不可持续。技术研发的投入巨大，需要在市场上得到回报，没有市场也就没有可持续性。中国在改革开放前也经历过类似的过程。今天一些人仍然在怀念"两弹一星"模式。应当清楚地认识到，"两弹一星"也和西方有关，如果不是当时一代爱国知识分子千辛万苦地从西方学成归国，会发生什么情况呢？不是说我们不能最终研制出"两弹一星"，但这个过程肯定会漫长得多。我们应当承认，尽管中国历史上也有诸多重大的技术发明，如四大发明，这些发明也对西方历史产生了巨大的影响，但是近代以来的大多数原创性技术来自西方。我们现在正在急起直追，但要赶上西方，仍然需要很多时间。

因此，新型举国体制要强调在开放状态下的创新。只要开放，西方资本还是不会放弃中国市场，西方那些民用技术依然会扩散到中国。在讨论技术时，我们不能把技术视为"单一的个体"，而应当把技术置于一个技术系统之中。西方技术的强大在于其系统性，我们的技术尽管从"单一的个体"来看，有些领域已经赶上西方甚至超过西方，但我们依然缺乏系统性。或者说，西方的强大是系统性的，我们的强大是区域性的。但只要我们是开放的，我们就可以利用西方的基础技术，即那些不被西方视为对西方构成威胁的技术。我们没有必要什么都要重新自己来尝试一遍。再者，只要开放，我们也可以随时跟踪西方技术的发展现状，从而制定正确的政策来追赶。

第三，在规则上要继续和国际接轨，并且促成规则的国际化。规则是生产力。2021年12月召开的中央全面深化改革委员会第二十三次会议，审议通过了《关于加快建设全国统一大市场的意见》，强调定规则，抓统筹，推进全国统一大市场建设。这是非常正确的。如果没有在统一规则之上建立国家统一市场，国内大循环很难实现。近代西方国家崛起的本质也就在这里。近代国家较之传统国家强大，就是因为近代国家具有统一的规则、统一的市场，而传统国家是封建的、分散的，各自为政。

这方面，如果建立全国性的规则在目前阶段有困难，那么可以从大区域开始。以粤港澳大湾区为例，我们应该做到大湾区内部的规则对接，实现大湾区规则一体化。现在的情况是，大湾区内地的9个城市与香港、澳门的规则没有做到统一，即使内地9个城市的规则也不统一，在招商引资方面，这些城市在税收、土地、社保等方面的规则都不统一。过去在环保上也不统一。中共十八大以来，中央对环境保护高度重视，环保领域的地方主义逐渐减少，环保的规则开始统一起来。但其他领域依然没有统一的规则。没有统一的规则就造成大而不强的局面。

现在中央已经发布了横琴和前海的发展规划纲要，接下来还会有广州、南沙发展的方案。因此，我们能不能以点带面，通过横琴、前海和南沙把大湾区的规则统一起来呢？实际上并不困难。这要求横琴、前海和南沙这几个点的规则先统一起来，不要再各搞一套规则了。那么，这三个"点"的规则如何统一？我们应该思想解放，把香港的商务规则直接引入大湾区。香港的很多规则都是非常国际化的，为国际社会所接受的。在"一国两制"的制度条件下，我们可以在香港规则的基础上做加法，把内地的一些好规则加上去，例如高科技、新能源等方面。随着国安法的通过，香港商法在大湾区的使用不会对国家安全构成威胁。而香港与澳门的规则的差异并不是很大，比较容易做到统一。同时，在这样做的时候，我们实际上也实现了中国规则的国际化。

第四，要进行行政体制改革。要实现十八届三中全会所确定的"使市场在资源配置中起决定性作用和更好发挥政府作用"的目标，必须进行新一轮的行政体制改革。企业是市场的主体、经济发展的主体。企业一旦不再是主体，经济发展必然遇到麻烦。"放管服"改革（即简政放权、放管结合、优化服务）自2015年推行以来，在取得系列成果的同时仍存在一些短板和薄弱之处。不少地方的改革情况并不令人满意，一些地方政府或者不作为，或者乱作为，扭曲政府和市场的关系，抑制市场的发展和发育。这就需要进一步深化"放管服"改革，着力培育和激发市场主体活力。在这方面，广州市黄埔区近年来的经验很是宝贵。黄埔区政府提供有效服务，培养培植"专精特新"技术类型的中小型企业，甚至是微型企业。这个方向是对的，它无论对黄埔区本身，还是对整个粤港澳大湾区都会起到很好的示范作用。不难观察到，无论在中国还是在其他国家和地区，凡是中小企业发达的城市，经济就发展得很好，老百姓就富足，城市就治理得好。在中国，我们也不难观察到，凡是只强调国有企业，不重视民营企业的城市，城市就没有活力，经济就不会可持续发展。

第五，要营造培养人才、吸引人才和留住人才的系统环境。人才是生产力。城市是优质资本、先进技术和高端人才的聚集地和活动平台。人才指标比其他所有的指标更为重要。资本来了，人才不来，那资本可能是套利来的；技术来了，人才不来，那可能是低廉劳动力的产业；高端人才来了，背后肯定有优质的资本和先进的技术。人才是"用脚投票"的。近年来，尽管美国正经历着政治治理危机，同时新冠肺炎疫情危机不断，但世界各国的人才还是往美国跑。这是因为美国具有像旧金山湾区和纽约湾区那样的地域嵌入型世界级经济平台，那里集中着世界上优质资本、先进技术和高端人才，也继续吸引着优质资本、先进技术和高端人才。不管美国的社会经济发生了什么，这些平台都不会受到太大的影响。那么，这些平台的人才是怎样的规模呢？旧金山湾区和纽约湾区的外国人才占40%左右，硅谷的比例更高。在亚洲国家中，日本在移民问题上是最保守的，但即使这样，东京湾区也吸引了大量的外国人才。而我们在吸引外国人才上还远远落在后面。外国专业人才占城市人口的比重几乎可以忽略不计。更为严重的是，近年来，美国开始比较系统性地进行人才脱钩，尤其是高科技人才的脱钩。我们可以认为，中美之间人才脱钩的后果，会比经贸脱钩和技术脱钩更加严峻。

在培养人才和吸引人才方面，不能说我们不努力。实际上，我们非常努力了，这些年来，我们推出包括"千人计划""长江学者"等国家级人才计划，各地的人才计划也不计其数。但与发达的西方国家尤其是和美国相比，我们的差距还是很大的。发达国家的民营部门凭借其发达的经济（财力）、优质的大学、研究院和企业实验室等载体吸引着大量的人才，政府更是一直采取单边开放政策来吸引人才。这方面美国最为典型。理论上，美国的开放政策一直是强调对等的，但在人才问题上，美国实行的始终是单边开放政策。一句话，美国等西方发达国家的人才制度具有系统性优势。相比之下，中国的人才政策表现出两个主要特点。第一，局部性。在一些方面具有优势，而在另一方面则体现为劣势，在各个吸引人才的要素中间很不平衡，不成系统。第二，政治性。把人才作为国家的政治任务来抓。美国等西方国家是通过移民局的移民政策来进行的，也就是通过非政治化的方式来进行的。我们则是通过政治方法来进行的，其优势在于只要领导重视，人才所面临的一些困难总是可以得到解决的，劣势是因人而异，差别对待，并且因为通过政治方法，很容易被西方国家政治化，从而影响人才的流动。这些年来，美国对我们"千人计划"的打压就说明了这个问题。

第六，建设"宜育"城市。人口也是生产力。城市是人住的地方，人口是城市的基础。任何地方，人口一旦萎缩，大城市肯定萎缩。今天，在世界范围内，在城市和人口之间形成了一个恶性循环。不难发现，城市越大，生育率越低。如果从GDP增长的角度来看，城市越大，GDP越高。计算GDP很容易，GDP是交易的产物，交易越多，GDP越高；而城市越大，交易越多、越密。但从人口学的角度来说，城市规模和生育率是成反比的。从长远来看，亚洲式的大城市化是没有出路的。东京集聚了日本三分之一的人口，首尔已经集聚了韩国一半左右的人口。且不说一旦发生战争，这些城市会面临毁灭性的结果（当然也意味着国家的毁灭），仅从人口学的角度来说，也是很难可持续发展的。相比之下，欧洲和美国的城市模式比较可行。欧洲和美国没有能力搞大城市吗？不是的。德国是欧洲城市化非常高的国家，但德国80%左右的人口居住在2万人以内的小城镇里。

粤港澳大湾区的广州和深圳都已成为人口超过2000万的超大城市。今天，很多城市已经提出"宜居、宜业、宜游"的城市建设目标，但我们更应该强调"宜育"的城市建设，为年轻人提高生育率创造物理和物质条件。现在的这种（超）大城市化与提高生育率背道而驰。从国家长远的经济目标来说，现有的城市发展模式是不可持续的。把所有优质的东西都集中放在大城市尤其是一线城市，吸引更多的人口到这些城市，表面上看这些大城市是赢家，但整个国家可能是输家。我们一些地方的城市化掌握在唯GDP的经济学家和结构工程师手中，他们往往欠缺社会和人文意识。这种趋势如果不能改变，那么城市有可能成为人口的"墓地"。

总而言之，我们对中国城市的可持续发展要有足够的危机意识。过去40多年的城市化是中国经济快速上升的产物。接下来的经济下行甚至萎缩必然会对城市产生巨大的影响。对此，我们必须有充分的准备。及时总结城市可持续发展经验，避免亚洲式大城市化陷阱，调整城市化战略，统筹城市的可持续发展和城市治理，这些都是我们必须做的功课。正如在其他领域，城市可持续发展所面临的挑战也是城市持续更新发展的动力和机遇。

第七章
共同富裕与中国的乡村振兴

共同富裕是社会主义的本质要求，是人民群众的共同期盼。中共十八大以来，我们打赢脱贫攻坚战，全面建成小康社会，为促进共同富裕创造了良好条件。现在，已经到了扎实推动共同富裕的历史阶段。而要促进共同富裕，最艰巨最繁重的任务仍然在农村。实现共同富裕的关键之一在于加快补足乡村发展的短板。

一、要对"乡村"概念有更深刻的哲学思考

共同富裕对中国的乡村振兴意味着什么呢？很显然，乡村的共同富裕需要通过乡村振兴来实现，没有任何其他的办法。而乡村振兴是一个复杂的系统问题，需要我们做全方位和立体式的考察。这里我谈几点不成熟的看法，供大家讨论和思考。

实现乡村振兴，首先需要对"乡村"这一概念有更深刻的

哲学思考。中国的城市化尤其是大城市化始于改革开放之后，到今天仍在继续进行。如果认为乡村总有一天会消失，或者认为随着城市化的进程，乡村会变得越来越不重要，那么我们在这里讨论乡村振兴就会变得毫无意义。事实当然并非如此。经验地看，发达国家（包括 OECD 国家）的城市化率一般在 70% 左右。即使中国的城市化达到发达国家的水平，那也仍然会有 4 亿多人口生活在农村。也就是说，中国的乡村不仅不会消失，而且会得到发展。

这里，我们遇到一个重大的现实问题。尽管中国有文字记载的数千年文明一直是农耕文明，我们大多数人的父辈也是农民，或者我们自己也刚刚从农民的身份转化成为城市居民身份，但我们已经觉得自己不再是农民。我们想把农民身份远远抛在身后，甚至看不起和鄙视农民。从某个角度来说，这种心情是可以理解的。在改革开放前的计划经济时代，也就是邓小平所称的"贫穷社会主义"时期，农村是贫困和落后的象征，那个时候大多数农村人的梦想就是脱离农民的身份，甚至从城市下乡的知识青年也有"回城梦"。无论是农民想进城，还是"知青"想回城，在当时都是一个朴素的梦想。

在世界范围，尤其是从欧洲近代文明的起源看，"文明"（civilization）一词是和"城市"（city）关联着的。不过，我们看到，欧洲人并没有把乡村或者农村视为落后的。相反，近代以来很多哲学家和思想家视乡村为文明的载体，他们为乡村的衰落而悲歌，为乡村的振兴而振臂高呼。

经验地看，近代化和现代化都是从欧洲开始的，但如果我们比较一下就会发现，欧洲的城市化和中国的城市化很不一样，欧洲没有像中国那样的超大城市，欧洲也没有那么多的人在推动城市化或者城市群的建设。德国是欧洲城市化非常高的国家，但是德国近80%的人口居住在2万人口左右的小城镇。那么，是欧洲人没有能力建设大城市？当然不是。欧洲人建设大城市的能力并不比我们差。像巴黎那样的城市，地下基础设施历经数百年都不用更换，而我们的城市设施没过多少年就损坏了。

为什么欧洲国家和中国会有这样那样的差异？主要区别在于彼此对城市和乡村的不同哲学思考。欧洲的城市化以小城镇为主体，甚至在乡村也可以享受到跟城市生活差不多的便利和舒适；而我们对乡村是存有偏见的，在乡村也的确享受不到城市里具有的各种基础设施和公共服务。我们很多人很喜欢到欧洲旅游，尤其是到欧洲的小镇，不吝赞美之辞，但回到国内照样鄙视乡村。我个人觉得，这是我们可以反思的一个地方。

还有日本的例子。有人说，我们的超大城市化是因为我们的人口密度过高，由于土地的珍贵，我们需要大城市化。但这理由并不充分，因为大城市建设和乡村建设并不矛盾，只要方法得当。日本就是一个很好的例子。日本的人口密度远比我们大，城市也在扩大，尤其是东京，差不多已经集聚了日本三分之一的人口了。但是日本的乡村建设如何呢？去过日本的人应当是知道的，其乡村道路、水电、卫生等各项基础设施完善，生活便利，空气新鲜，环境干净，舒适度和城市不相上下。我们这里，"三农"是一个问题，日本相反，农户收入超过全国平均水平。

　　在很大程度上，我们的城市化是以牺牲乡村为代价的。新中国成立之后，我们已经经历了两波工业化。第一波工业化发生在改革开放之前的计划经济时代，是以牺牲农村为代价的。户口制度、城乡二元对立就是第一波工业化的结果，它们的负面效应到现在还没有完全消化掉。改革开放以来的第二波工业化也是如此。改革开放以来，"农民工"成为一个特殊的概念，指的是在城市工作但没有城市居民身份的农民，他们几乎就是城市化和城市建设的主体，但享受不了城市化带来的利益。在这些年里，光是珠三角每年就吸收3000万农民工。尽管近年来我们做了很多努力，但直到今天，还没有解决好户口制度所带来的问题。

　　由于快速的城市化，传统农耕文明在迅速消失，但我们还没有创造出城市文明。城市文明的大多数因素都是通过现代化，甚至借鉴西方而来的。看看一些大城市的建筑就知道。有人说，中国是最大的后现代主义的试验场。今天，中国各大城市充满着稀奇古怪的建筑物，与中国的传统建筑很不协调。很显然，这不是中国传统本身的现代化或者后现代化，而是西方的后现代化。

　　我觉得，中共十八大以来的一个重大理论贡献，就是搞清楚了中国式现代化的含义，即中国的现代化并非西方化，而是中国传统本身的现代化。在理解现代化方面，近代以来我们有深刻的教训。五四运动之后，很多人简单地把现代化理解成为西方化，因而简单地照抄照搬西方制度。但各种努力都失败了。中国共产党为什么那么强调马克思主义的中国化？这是从失败中得来的教训。因为只有马克思主义中国化之后，中国共产党才走上了成功的道路。中国共产党是马克思主义的信仰者。马克思主义都要中国化，那就更不用说西方其他的主义了。我们要继续谦虚地学习世界上一切好的经验，但绝不是照抄照搬。正如习近平总书记所说，"鞋子合不合脚，自己穿了才知道"。

对中国现代化的这种认识，也反映在乡村振兴上。这些年来，习近平总书记就农耕文明的传承、发展有过很多的论述。这里摘抄几段：

乡村文明是中华民族文明史的主体，村庄是这种文明的载体，耕读文明是我们的软实力。城乡一体化发展，完全可以保留村庄原始风貌，慎砍树、不填湖、少拆房，尽可能在原有村庄形态上改善居民生活条件。[《在中央城镇化工作会议上的讲话》（2013年12月12日），《十八大以来重要文献选编》（上），中央文献出版社2014年版，第605—606页]

农耕文化是我国农业的宝贵财富，是中华文化的重要组成部分，不仅不能丢，而且要不断发扬光大。如果连种地的人都没有了，靠谁来传承农耕文化？[《在中央农村工作会议上的讲话》（2013年12月23日），《十八大以来重要文献选编》（上），中央文献出版社2014年版，第678页]

村庄空心化和"三留守"是一个问题的两个侧面。外在表现是村子空了，本质上是人一茬一茬离开农村。农村是我国传统文明的发源地，乡土文化的根不能断，农村不能成为荒芜的农村、留守的农村、记忆中的故园。[《在中央农村工作会议上的讲话》（2013年12月23日），《十八大以来重要文献选编》（上），中央文献出版社2014年版，第682页]

新农村建设一定要走符合农村实际的路子，遵循乡村自身发展规律，充分体现农村特点，注意乡土味道，保留乡村风貌，留得住青山绿水，记得住乡愁。[在云南考察工作时的讲话（2015年1月19日—21日），《人民日报》2015年1月22日]

中华文明根植于农耕文明。从中国特色的农事节气，到大道自然、天人合一的生态伦理；从各具特色的宅院村落，到巧夺天工的农业景观；从乡土气息的节庆活动，到丰富多彩的民间艺术；从耕读传家、父慈子孝的祖传家训，到邻里守望、诚信重礼的乡风民俗，等等，都是中华文化的鲜明标签，都承载着华夏文明生生不息的基因密码，彰显着中华民族的思想智慧和精神追求。[《走中国特色社会主义乡村振兴道路》（2017年12月28日），《论坚持全面深化改革》，中央文献出版社2018年版，第406页]

我们要深入挖掘、继承、创新优秀传统乡土文化。要让有形的乡村文化留得住，充分挖掘具有农耕特质、民族特色、地域特点的物质文化遗产，加大对古镇、古村落、古建筑、民族村寨、文物古迹、农业遗迹的保护力度。要让活态的乡土文化传下去，深入挖掘民间艺术、戏曲曲艺、手工技艺、民族服饰、民俗活动等非物质文化遗产。要把保护传承和开发利用有机结合起来，把我国农耕文明优秀遗产和现代文明要素结合起来，赋予新的时代内涵，让中华优秀传统文化生生不息，让我国历史悠久的农耕文明在新时代展现其魅力和风采。［《走中国特色社会主义乡村振兴道路》（2017年12月28日），《论坚持全面深化改革》，中央文献出版社2018年版，第406—407页］

国无德不兴，人无德不立。乡村社会与城市社会有一个显著不同，就是人们大多"生于斯、死于斯"，熟人社会特征明显。要加强乡村道德建设，深入挖掘乡村熟人社会蕴含的道德规范，结合时代要求进行创新，强化道德教化作用，引导农民爱党爱国、向上向善、孝老爱亲、重义守信、勤俭持家。［《走中国特色社会主义乡村振兴道路》（2017年12月28日），《论坚持全面深化改革》，中央文献出版社2018年版，第409页］

要推动乡村文化振兴，加强农村思想道德建设和公共文化建设，以社会主义核心价值观为引领，深入挖掘优秀传统农耕文化蕴含的思想观念、人文精神、道德规范，培育挖掘乡土文化人才，弘扬主旋律和社会正气，培育文明乡风、良好家风、淳朴民风，改善农民精神风貌，提高乡村社会文明程度，焕发乡村文明新气象。［在参加十三届全国人大一次会议山东代表团审议时的讲话（2018年3月8日），《人民日报》2018年3月9日］

这里摘录的只是习近平总书记关于农耕文明传承和发展的

其中几个论述，他还有其他更多的论述。我个人的理解是，尽管这些论述具有很大的政策指引成分，但它们远远不只是政策论述，而代表着历经数十年的快速城市化之后对乡村的一种深刻的哲学思考。

二、城乡双向流动才能实现农村的可持续发展

正因为有这种哲学认识，才有中共十八大以来的美丽乡村建设进程。十八大之前，中国已开始社会主义新农村建设，不仅在农村建立了包括低保在内的各种社会制度，更取消了农业税。十八大之后，农村建设被提升为一个系统的工程，即精准扶贫和美丽乡村建设。精准扶贫之后，共同富裕无疑是今后美丽乡村建设的重要一部分，甚至是核心。无论从欧洲还是日本的经验看，共同富裕是美丽乡村的经济基础。只有共同富裕才能育人、吸引人和留住人。一个贫困的乡村，即使很美，也吸引不了人，留不住人。

尽管美丽乡村建设正在如火如荼地进行，但如何实现共同富裕仍然是一个巨大的挑战。共同富裕不仅仅体现在乡村内部，更体现在城乡之间。城乡差异可以说是目前中国发展不平衡的最重要表现之一，只有城乡融合发展才能实现共同富裕。

今天，乡村面临着一个巨大的困局，我把它称为"资源单向流出性衰败"。在农村，壮劳力大都已经外出进城打工，成为农民工的主体，留在农村的大多是老弱病残妇幼。再者，农民

有了钱，就到城市买房；有了钱，就把孩子送到城里读书和就业。这也就是习近平所说的"三留守"现象的主要原因。在很大程度上，进城和成为城市居民是大多数中国农民的"中国梦"。这种状况在今后也不会有很大的变化，大量的农民还是会继续流向城市。农民的这种行为也属于合理，因为较之农村，城市具有更多的优质资源。

那么，如何解决这个问题呢？这是一个系统的工程，需要我们作深刻的考量。但很显然，无论从我们自己的经验还是世界各国的经验来看，如果仅仅依靠国家和政府的投入，不足以实现农村的可持续发展。近年来，政府对农村的投入越来越大，用于农村基础设施建设、基本公务服务、农村人居环境整治等，也的确改变了农村的面貌，但问题在于，一旦政府的投入减少或者停止，很多农村还是有可能重新返贫或者回到旧貌。

从发达国家的经验看，只有实现了城乡的双向流动，才能实现农村的可持续发展。在世界范围内，不仅仅在西方的发达国家，而且也在很多发展中国家，存在一个普遍的现象，就是"富人的乡下，穷人的城市"。穷人选择居住在城市，既是因为城市有比较多的就业机会，也是因为城市有便利的交通。而富人则不需要这些基本条件，他们往往向往乡村的风光。

三、城市居民返乡也是我们的"中国梦"

这里我们可以得到一个启发，那就是要实现城乡的双向流动。如果说，进城是农民的"中国梦"，那么返乡也应当是城市居民的"中国梦"。

我们必须深刻意识到，"返乡"是中国数千年农耕文明的一个特色。传统社会数千年，乡村治理的主体就是接受过儒家教育的儒生，或者绅士，相当于今天读了大学回乡的人，他们是农村文化的主体或者载体。"士农工商"这几个阶层，不管在哪里发了财、当了官，最终的落脚点都在乡村。甚至连移民到海外的中国人，也往往不会忘记他们出生的或者曾经养育过他们的乡村。中国人即使到了海外，也存有"回乡梦"，叶落归根。人们所见到的大多数乡村祠堂、大宅院就是"士农工商"回归故里的产物。祠堂和大宅院分布很广，即使在最贫困的地区也有。祠堂和大宅院等不仅仅是一种物理（物质财富）的存在，更是文化的存在。很难想象，如果没有乡绅和这些"回归故里"的人士，中国农耕文明如何延绵数千年而不衰落。简单地说，中国村落的可持续发展离不开这种从城市到乡村的人口流动。很可惜的是，今天不仅没有可能产生新的祠堂和大宅院，而且很多祠堂和大宅院，甚至是整个传统村庄都被整体地从贫困地区"迁移"到经济发达地区。这种以古村落为标志的"文化迁移"的意味是很深刻的，但绝不是一种很好的现象。

在过去，我们的户口制度、农村土地制度等中断了这个"回归故里"的传统。但现在看来，我们要实现城市居民返乡的"中国梦"并不难。在很多地方，户口制度已经松动。也就是说，我们已经做了一半，即容许农民成为城市居民，我们还要把后一半也做起来，即容许城市居民返乡，再一次成为农民。

而中国农村三权分置的土地制度，即所有权、土地承包权、土地经营权，可以为城市居民实现返乡梦提供制度条件和物质条件。

一些人担忧，如果容许城市居民返乡会导致农村的土地集中。对这个问题的担忧有些道理，但过于从传统思维出发。中国历史上的确发生过无数次因为土地集中而导致的农民运动。不过，今天社会已经没有必要再囤积土地，也没有这个可能性了。在传统农业社会，土地是财富的主要来源，不仅对个人如此，对国家也是如此。因此，土地越多表明财富越多。但今天的中国社会已经是工业社会，工业已成为财富的主要来源。在快速进入后工业社会或者信息社会的今天，信息等资源也已成为人类财富的新来源。再者，监管技术发展到今天，我们可以制定各种制度规则来防止传统社会经常发生的土地集中现象。也需要指出的是，在很多农村地区，由于农村人口的大量流出，土地抛荒尤其是宅基地抛荒现象异常严重。如果很难促成已经离开农村的农村人口返乡，那么容许和鼓励城市居民返乡则可以达成抛荒土地再利用的目的。

通过城乡人口和资本的双向流动来实现农村的可持续发展，要处理好三个主体，即政府、社会资本、农村老百姓之间的关系。政府要规制资本，既应当容许社会资本进入农村和建设农村，也应当防范社会资本进行中国传统社会那样的土地集中。政府履行这个职能并不难。只有实现城市居民的返乡梦，乡村才能拥有必需和充足的资本与人力，改善农民的生产条件和农村的生活条件，实现可持续发展。这一点在世界各个国家都可以观察到，因为只有城市中上层来到乡下，才能建起学校和医院，其他的基础设施也会跟上。如果不能引入社会资本，光靠政府投入，难以持续，农村本身还是会衰败。

　　城市文明是因为城市拥有城市居民这样一个文化载体。农村的衰败不仅仅是经济上的，更是文化上的。人们常说，扶贫先要扶志，农村的共同富裕更是如此。一旦农村文化衰落，那么再多的经济资源的投入也保障不了农村的可持续发展。而当代中国的农村，普遍存在着文化衰落和短缺的现象。我经常到农村去做调研，担忧的不仅仅是物质上的事情，更是农村文化的贫乏。尽管现在农村人口越来越少，但一些农村，特别是偏远地区，什么样的奇奇怪怪的东西都有，低俗、媚俗文化盛行，甚至邪教也屡禁不止。现在城市居民一般到了60岁就退休了，如果容许回乡，就可以把文化和资本带到乡下去，为村民带去丰富健康的文化生活，那么这种现象就可以得到有效的改变。农村需要拥有良好的教育体系和健康的现代文化。总而言之，通过制度设计鼓励和吸引城市居民回乡，既可以实现可持续的乡村发展和建设，更可以减轻城市的负担。也就是说，城乡的双向人口流动对农村和城市是双赢的。

第八章
共同富裕与中国的第二次"入世"

一、开放带来强大

2021年是中国加入世界贸易组织（WTO）20周年。今天，当美国等西方国家开始盛行贸易保护主义和经济民族主义思潮，出现逆全球化和反全球化的时候，中国更需要进一步推进国际化、全球化，而不是相反。在前一波全球化过程中，美国等西方国家是全球化的引领者和主导者，中国是参与者。但今天的中国已经是世界上第二大经济体，最大的货物贸易国，不仅能够推动全球化进程，而且也有能力引领全球化。也就是说，"全球化向何处去"的问题不光是美国等西方国家能给出回答，中国也同等重要。如果要继续推动全球化甚至引领全球化，中国就迫切需要第二次"入世"。

如果把共同富裕和第二次"入世"联系起来，我们更能明了第二次"入世"的战略意义。从世界范围来看，所有富裕的国家都是开放的国家，所有实现共同富裕的国家更是开放的国家。尽管开放保证不了一个社会的共同富裕，但如果一个国家不开放，就永远实现不了富裕，更不用说是共同富裕了。经验地看，近代以来，没有一个国家通过封闭而致富。直到今天，那些封闭的国家也是最贫困的国家。

中国本身的发展经验更表明了开放的重要性。20世纪80年代初，当邓小平开始实行改革开放的时候，尽管很多人对开放抱怀疑态度，但中国社会的普遍共识是封闭就要落后，落后就要挨打。这的确是中国最为宝贵的历史经验，也是最惨痛的历史教训。史学家经常把秦汉统一视为中国作为统一国家的第一次崛起，唐宋则是第二次崛起。实际上，唐宋时期，国家的政治经济文化科技各个方面都领先于当时的世界。但明朝开始实行封闭政策，清朝的封闭政策变本加厉。中国因为封闭政策失去了一个海洋时代，也失去了一个工业化时代，中国的落后是必然的。直到在1840年和1860年的两次鸦片战争中被英国打败之后，中国才被迫实行开放政策。这是第一次开放，也是被迫的开放，中国沦落为后来毛泽东所说的"半殖民地"社会。

第二次开放就是20世纪80年代初由邓小平开启的开放，是主动的开放。今天人们所见到的中国便是这次主动开放的结果。这次开放以加入WTO为标志，是中国的第一次"入世"。中国"入世"20周年的成绩是可以肯定的。1981年我上北大的时候，中国还很穷，那时中国的人均GDP还不到300美元，现在中国已经是世界第二大经济体了，2021年人均GDP也达到了1.2万美元。我在北大上学的时候第一次听到"中产社会"这个概念，当时还不知道"中产"是什么样子，但现在中国已经有了4亿的中产人口。更重要的是，过去40多年里我们促成8亿多人口脱离绝对贫困，仅仅是中共十八大以来中国就有近1亿人口脱贫。8亿人口的脱贫、4亿的中产群体、世界第二大经济体、全球最大的货物贸易国，这么短的时间创造出这样的成绩，这是世界经济史上的奇迹。

更为重要的是，"入世"以后我们找到了中国现代化的模式。中共十九大把中国现代化模式总结为既实现了发展又保持了独立，中国的这一现代化模式为发展中国家提供了一个新的选择。为什么这么提？在全球化时代，任何一个国家如果不能加入全球化浪潮的话，那么它会很难获得发展。今天的世界，那些落后的国家都是封闭不开放的国家。但全球化也并不是"免费的午餐"，很多国家加入全球化以后国家经济主权越来越少，甚至消失了。较小经济体对大的经济体依附性越来越强。有些国家即使因为全球化获得了发展，但它的独立性却成了问题。中国是少数几个既获得发展又能保持独立的经济体。

更重要的是，为了加入WTO，我们从20世纪90年代开始修改完善了法律、法规、政策体系，与世界经济接轨。中国影响了世界，世界也影响了中国。我们经历了1997—1998年的亚洲经济危机，经历了2007—2008年的世界经济危机，这几年又经历了新冠肺炎疫情，但我们没有在这三波危机中倒下，反而变得更加强大。开放带来强大，这也是我们需要思考的问题。

二、要避免与国际脱钩

今天，我们不能光强调我们"入世"所取得的成就，更要强调的是，我们需要变得更加开放，继续推进全球化。在过去的数十年间，我们通过开放实现可持续的经济发展，进行了人类历史上最大规模的扶贫。但今天全球面临逆全球化甚至反全球化浪潮，中国的可持续发展遇到严峻的挑战。近年来，我们提出要构建"以国内大循环为主体、国内国际双循环相互促进"的新发展格局，但这绝对不是说外循环不重要了，全球化不重要了。"以内循环为主体"只是意味着我们要通过做强做大内需社会来实现可持续的发展，但内需社会的建设更需要对外开放。如果说我们在开放的条件下解决了"贫穷社会主义"的问题，那么我们也必须在更加开放的条件下实现"共同富裕社会"的目标。

那么，面对当前逆全球化浪潮，中国是不是变得更全球化或者更国际化了？新冠肺炎疫情对各个国家的全球化都产生了影响，中国受到的影响也是很大的。一方面，有人认为，中国的国际影响越来越大，走向和靠近了世界舞台的中心；但另一方面，也有人在提问，中国是不是在有些方面和国际脱钩了？会不会在更多的方面和世界脱钩？

不同的人有不同观点，但是有些数据显示的现象是值得我们加以注意的。刚刚退休的美国上海商会主席吉彼思（Ker

Gibbs）发现，驻上海的外国人在过去的10年时间里从20.8万下降到16.3万，下降了20%多。北京的情况更糟糕一些，从以前的10万下降到6万，下降了40%。的确，我们平常人也能体会到这一现象。中国的大城市里有多少外国的专业人士常驻？在广州走半个小时也碰不到一个外国人。我以前在新加坡生活，新加坡国立大学近一半的老师都是外国人。首尔、东京也到处可见外国人。日本的移民政策在亚洲算是非常保守的，但仍然吸引了很多外国专业人士。吉彼思先生认为，随着中国新税制的推出，可能会有更多的外国常驻商务人士离开中国。他认为这里有几个因素：一是中国的生活成本在提高；二是中国的新冠疫情防疫政策非常严厉；三是外国人对目前的营商环境感到不适应。

不过，除了这些之外，我们还要反思一些更深层次的原因。第一，我们加入WTO后产品越来越国际化，但一些人的思想还没有国际化，还不能从国际的视角来思考问题。高层一直在强调和呼吁进一步开放，但到了底层情况就很不一样了。第二，中国的高速发展让很多人感觉到骄傲，产生一种自发的民族主义情绪。这种民族主义情绪绝对是正能量的，但也有一些商业民族主义随之而来，他们试图从国人的民族主义情绪中获取经济利益。社交媒体上常常充斥着民粹情绪，无论是针对中国企业家，还是针对外国资本。正常的批评是可以的，但无端的攻击甚至是人身攻击给本国的企业家和外国资本造成了极其负面的影响。具有讽刺意味的是，一些人嘴里批评资本主义，但现实生活中却过着资本主义的生活方式；他们攻击美国，但同时自己又拼命要移民美国。可以说,这些人假借"爱国主义"和"草根阶级"噱头,传播反智言论,撕裂社会共识,要么是"低级红",要么就是"高级黑"。

从特朗普时代到拜登时代,美国都在与中国搞系统性脱钩。我们千万不要低估脱钩的大趋势。大量的外国专业人才离开中国就是人才的脱钩。我们需要冷静地认识美国。大家都在说美国不行了、衰落了,甚至有人说美国要垮掉了。但实际情况是否如此呢?美国确实正在经历着民主危机,尤其是治理危机,但美国在其他很多方面都没有多大的危机。美国所经历的是政治和治理上的危机,但美国的经济体制、科技创新都没有危机,因为美国的经济、科技创新与政治是分离的,政治方面的危机不会直接影响到经济面。尽管受到新冠肺炎疫情和中美关系紧张的影响,但根据美方的统计,2021年中国依然有8.5万人拿到了美国留学签证,全世界的人才还是往美国跑。那么,美国到中国来学习的人有多少呢?这是我们需要严肃认真思考的。

较之其他方面的脱钩,中美人才的脱钩对中国可持续发展可能构成更为严峻的挑战。美国立国以来,一直是通过人才来实现可持续的发展的。不难观察到,尽管美国也有打压移民的时候,但总体上看,美国在人才问题上始终是实行单边开放政策的,即通过其比较优势吸引大量的国际人才。

在今天所有的富国中,只有作为移民国家的美国没有其他富国所面临的人口危机。移民缓解甚至解决了美国人口的老龄化问题,使得美国人口年轻化。根据美国学者克劳辛(Kimberly Clausing)的研究,最近数十年美国吸收的移民数量都在增加,尽管占总人口的比重规模小于20世纪初期的历史峰值时期，但移民的绝对数要高于历史上任何一个时期。目前移民人口占美国总人口的13%。这里指的是出生在国外的美国公民。移民为美国的经济发展作出了巨大的贡献。2012年美国《财富》杂志评选出的500强企业中，超过40家企业由移民或他们的后裔创办，市值超过10亿美元的87家私人初创公司中的44家由移民建立，而这87家公司中的62家聘用移民在管理层中担任重要角色。从2006年至2012年，三分之一由风投资本投资的上市公司为移民所创立，这些公司的总数量达到了92家。到2014年为止，46%的硅谷劳动力出生在国外，而在25岁至44岁年龄组中这一比例更高，由于数学和电脑专长而被雇用的移民人数，在这一年龄组中的比例达到了惊人的74%。

必须意识到，美国的体制特点是经济和政治分离，不管发生多大的政治危机，经济和科技还是会进步。经验地看，每一次危机似乎都促成了美国的进步，一战、二战、越战、冷战等都没有阻止美国经济和科技的进步。为什么会这样？这需要我们认真研究。

三、中国需要第二次"入世"

无论从哪个角度来看，我们在庆祝"入世"20周年的同时也要反思，我们哪些方面还做得不够，或者可以做得更好？在此我想谈三点。

第一，规则对接。WTO实际上不仅仅是一个贸易组织，更是一整套规则，成员国需要并愿意接受和服从规则。WTO是一个仲裁机构。中国"入世"，意味着我们跟外部世界接轨了。这是邓小平先生的功劳。1986年7月，我国政府就提出申请恢复我国关贸总协定（世贸组织前身）缔约国地位。为了"入世"与世界接轨，我们改革了自己的法律、法规、政策体系。但是，到今天，我们内部的规则还没有统一起来。20世纪90年代初世界银行的一个报告说，中国各个省间的贸易要远远少于每一个省与外国的贸易，就是外贸多于内贸。中国的企业也是这样，中国民营企业都喜欢跟外国的企业做生意。这里面就是规则问题，中国企业之间的生意不受规则约束，甚至没有规则，成本就很高。华为早期就是因为国内市场竞争太激烈，太没有规则，才选择"走出去"的，这也间接成就了华为。到了今天，这个现象也是存在的。即使是两家国企也没有共同的规则。两家国企到了外国同样打架，恶性竞争。中国南车和北车的合并就是例子。没有统一的规则，意味着没有统一的市场，导致了中国的市场大而不强。

第二，重视技术。我们"入世"以后，实现了经济学家们一直在说的我们的劳动力"红利"，即我们发展出了很多劳动密集型产业。但是，我们并没有逐步地将其升级为资本密集型和技术密集型产业。我们在毛泽东时代经历了第一波工业化，那一波工业化农民作了很大贡献，农业对工业有很大贡献。改革开放后的第二波工业化，我们的贡献主体还是农民。经济学家一直说的中国的劳动力"红利"就是这样发展出来的。很多外国经济学家说这一波全球化就是西方的资本与中国的农民工推动的。"入世"之后很多年里，光是珠江三角洲每年就吸收了3000万农民工，长江三角洲也差不多。最近几十年，美国的技术在进步，资本在扩展，但是美国的就业并没有增加。那么，美国的工人阶级在哪里？可以说我们珠江三角洲的农民工就是美国的工人阶级。劳动密集型意味着我们过度地依赖劳动力，而不是技术来实现经济增长。现在随着劳动力成本的提高，我们很多企业就面临很大的困难。

第三，重视研发。加入WTO以后我们过度依赖国际市场，忽视原创性技术。中国加入WTO后，成为美国最大的技术应用市场，美国在中国市场上获得了巨大的利益。美国在中国赚的钱回到美国国内，这带来了美国本身的技术升级。但美国并没有把尖端技术放到中国。同时，国际市场的存在也促成我们的企业产生了一种盲目乐观的情绪。但是，人们所说的"中国制造"实际上是"中国组装"，中国大部分的经济增长来自技术的应用，原创性的技术少而又少。有一段时间，我们的一些经济学家甚至认为中国粮食也可以在国际市场上采购，因此8亿亩耕地红线都不用要。因为世界上粮食多得是，我们完全可以通过进口来满足需要。这种心态不仅表现在粮食上，更表现在技术上。华为有足够的能力做技术提升，但华为一直依赖外国的芯片制造。从历史来看，国际市场的存在是运气好，国际市场的不存在实际上是常态。今天，尽管我们是世界第二大经济体，体量很大，但我们并不很强，方方面面很容易被人家卡脖子，很容易被人家脱钩。

我们现在讨论第二次"入世",我更想把它称为"第三次开放"。美国自特朗普总统以来,千方百计搞中美贸易战和脱钩,但我们中国领导人一直在强调中国要把大门打开,打得更开,要深度地融入世界。我们提出了很多新的概念,如"双循环"。更重要的一个概念是"制度性开放"。很多人还没有认识到制度性开放的重要性。为什么要提制度性开放?我的理解是,政策因人而异,因时代而变,但制度性开放是永久的。也就是说,我们要通过制度性的开放来保证我们的永久开放。在这方面,我们也有很多实践,比如粤港澳大湾区、海南自由贸易港、长三角经济圈,这些地方都是在国际大循环,在开放状态下成长和发展起来的,未来也是以开放为主,而且要更进一步和更全面地开放。在这方面,粤港澳大湾区扮演着一个更为重要的角色。横琴和前海的开放,让珠海与澳门直接对接、深圳与香港直接对接。国际层面,我们和东盟国家携手签署的RCEP已经生效。我们也和欧盟完成了中欧投资协定谈判,虽然因为政治原因暂时搁浅,但它的生效只是时间问题。欧盟搁置协定主要是出于政治和意识形态因素,而非经济因素,但意识形态是解决不了问题的。

更重要的是,中国提出了加入CPTPP,CPTPP比WTO重要,也比RCEP重要。RCEP在很大程度上是传统贸易的延伸,或者说是传统贸易的"2.0版",但是CPTPP体现更高程度的开放、更高程度的规则。它的前身TPP是美国主导的,美国当时搞TPP就是针对中国的。现在既然中国已经正式申请加入CPTPP,就表明我们有决心进行比较有深度的改革,也就是制度性的改革和制度性的开放。从这个角度看，CPTPP就是中国二次"入世"的抓手。中国加入CPTPP会是一个漫长甚至是困难的过程，但我们还是可以做好我们自己的功课。哪怕最终我们没有加入CPTPP，我们也要更加开放。

四、推动中国规则"走出去"

二次"入世"，有几个方面是需要我们考虑的。

第一，在一些领域，我们要实行单边开放。单边开放就是说即使你不向我开放，我也向你开放。与单边开放相对应的是对等开放，对等开放就是只有你向我开放，我才向你开放。原则上说，大英帝国是实行单边开放的，而美国是实行对等开放的。这一点大英帝国要比美国做得好得多，大英帝国的可持续性比美帝国要长久。经过改革开放40多年的发展，中国已经有能力实现单边开放。美国和它的盟友要和中国系统性脱钩，我们在有些领域要单边开放。虽然原则上美国非常强调对等开放，但美国在很多方面永远是单边开放的，比如说人才政策，美国的人才政策始终实行单边开放。这就是为什么世界上有那么多人才跑到美国去了。同样，中国能取得今天的成绩，很多方面也是单边开放的结果。20世纪80年代我们刚刚改革开放，没有资本，就实行单边开放，打开国门"请进来"，先请海外华侨资本进来，再请国际资本进来。20世纪90年代，为了加入WTO实行接轨政策，也是单边开放。今天我们面临百年未有之大变局，很多领域需要我们单边开放。美国不允许中国资本进入美国市场，我们还是允许美国资本进入我们的市场，是不是单边开放？我们应该明确提出来我们要实行诸多领域的单边开放，尤其是高科技人才。我们所做的一切都是为了我们的发展，而不是仅仅为了表达一下情绪；最终促成国家利益最大化的那些事情才是我们要做的，而不是以牙还牙。

第二，我们要通过内循环来实现内部规则的统一。我们是世界第二大经济体，但是大而不强。很重要的原因是我们内部规则不统一。粤港澳大湾区11个城市，内地9个城市与香港、澳门的规则当然不一样，但我们内地9个城市的规则也没有统一，土地、税收、劳动等很多方面的规则都没有统一起来。内部的规则对接起来，形成国家统一规则，我们就会大而强。举例说，中国现在是世界最大的汽车生产国和汽车消费国，但是我们在汽车行业制定了多少国际标准和规则？很少。互联网领域的大公司分布在美国和中国，美国有互联网的规则，并且是国际性的规则，中国则没有。中国有很多家大型的互联网公司，欧盟没有大的互联网公司，但欧盟制定了互联网规则。为什么我们没有互联网规则？如果考察一下西方公司之间的关系，就会知道为什么了。西方公司特别强调规则和规则的统一，而中国公司各自为政，没有统一的规则。没有国家统一的规则就没有国家统一市场。

第三，我们要通过外循环继续促进中国与世界规则的对接，在这个基础之上努力使中国的规则"走出去"。中美竞争不可避免，中美竞争的核心不仅仅是技术问题，更是规则问题。美国和欧盟最近在讨论如何用新的规则来制约中国，如果我们自己不强调规则，一旦"走出去"，还是会继续受到别人规则的制约，他们的规则符合他们的利益，但并不符合我们的利益。

再过10年或者15年，我们内部规则统一了，我们的内部规则通过外循环"走出去"了，中国必然会是世界上最强大的国家。一句话，只有通过继续开放才能使得国家更加强大起来。

第九章
做大中产与个人所得税改革

　　税收，是促进国民经济发展的有力工具，也是调节收入分配的重要手段。从推进共同富裕的角度而言，主要是要发挥税收的收入分配调节功能，促进收入分配公平合理，缩小收入分配和财产存量差距。在2021年8月17日召开的中央财经委员会第十次会议上，习近平总书记就指出，要"加大税收、社保、转移支付等调节力度并提高精准性，扩大中等收入群体比重，增加低收入群体收入，合理调节高收入，取缔非法收入，形成中间大、两头小的橄榄型分配结构，促进社会公平正义"，使全体人民朝着共同富裕目标扎实迈进。个人所得税作为直接税之一种，在定向调节居民收入差距、减少贫富分化和实现共同富裕的再分配中发挥着重要作用。

　　2018年底，我国进行了个人所得税改革，实施综合与分类征收相结合的方式，将个税起征点从3500元提高至5000元，并增加了子女教育支出、继续教育支出、大病医疗支出、住房贷款利息支出、住房租金支出和赡养老人支出等六项专项附加扣除。此次个税改革在通过提高个税起征点来实现直接减税的同时，首次实行了专项附加扣除，考虑了个人负担差异，在一定程度上有助于缩小贫富差距、促进社会公平。但是，我国现行的个税税制仍存在一些不完善之处，中产阶层普遍税负感较重，不利于中产阶层规模的扩大。从世界各国的经验来看，中产阶层是社会政治发展的稳定器。中产不稳或者萎缩，会导致一系列严重问题。从改革开放以来的政策看，培植中产阶层实际上也一直是中国共产党的一个目标。在改革开放初期，邓小平就提出"让一部分人先富起来"，"走共同富裕的道路"。这里，"让一部分人先富起来"是手段，"共同富裕"才是目标。扩大中等收入群体更是关系到共同富裕社会的实现。

一、目前个人所得税制度存在的几个问题

一是没有充分考虑地区间差异和家庭整体收入差异的情况。现行的个税基本减除费用，即起征点，没有根据不同地区、不同家庭的生活成本差异进行调整。我国各地区发展不均衡，不同城市的经济水平差异巨大，用同一征税标准可能有失公平。不应该简单地、全国一刀切式地提高或调整个税起征点。

例如北上广深等一线城市，大部分工薪阶层收入来源单一，尽管收入较其他城市居民偏高，但工资增长的速度远远赶不上通货膨胀的速度，且面临着城市高房价、高生活成本等问题。

这就导致很大一部分居民由于平均收入远高于税收起征线，需要缴纳更多的个税，且工资涨幅受到税收阶梯影响而呈累退趋势，进而因生活压力大，不敢消费。数据显示，深圳市的消费水平远远落后于广州市，原因之一就是高昂的生活成本和个税导致居民消费能力大打折扣。

此外，个税征收没有根据家庭的整体收入情况作出调整。例如有甲乙两个家庭，甲家庭男方的月收入1万元，女方为全职家庭主妇没有收入，而乙家庭夫妻双方的月收入分别接近5000元（双方均不够起征线）。在不考虑其他纳税因素的情况下，甲家庭税负比乙家庭要高，这对于甲家庭来说是不公平的。

二是个人所得税已经变成了中等收入阶层的专属税，俗称工薪税。调整个税起征点后，低收入人群无须纳税，大量的富裕阶层可以通过各种渠道避税、逃税，游离在税收体制之外。而中等收入阶层的大多数收入来自工资薪金所得、劳务报酬所得等透明化的收入，按照七级超额累进税率纳税，有的需要缴纳高达35%甚至更高的个税。这导致税负大多转嫁到中产阶层身上，使中产阶层的实际税负要高于富裕阶层，而对收入差距产生逆向调节。城市中的中产阶层、工薪阶层往往是城市发展的中坚力量，支撑着房价、教育、消费以及医疗和养老。他们依靠辛苦劳动获得的工资要缴纳很高比例的个税，而富人却能够通过各种途径避税，中产阶层自然会觉得不公平。当前的个税体制将会造成"很多重新分配财富的努力，结果就是重新分配了贫穷"。这种"均富"演变成"均贫"的结果很难体现个税公平，也不能发挥税收调节收入差距、缩小贫富差距的作用。

三是未能区分劳动所得高收入和资本所得高收入。目前个税改革的方向是"加强对高收入的规范和调节"。按照现在的统计标准，工资月收入1万以上就是高收入。但是在北上广深一线城市，年薪达到10万元是比较普遍的（参考2020年深圳市城镇在岗职工平均月收入11620元，年收入139436元）。因此也有一种标准是年薪50万元以上为高收入。但是，目前个税触及的高收入群体大多是"金融民工""科研民工""程序员码农"等"新生代农民工"。他们的高收入是依靠"996""007"加班的劳动所得。虽然有些人年薪高达50万—100万元，达到35%—45%的高税率，但其实税后收入仍很难支撑他们在一二线城市的高生活成本（高房价、高消费、高教育成本、高医疗费用）。这些所谓的高收入群体和真正拥有财富和资本的"低收入"群体对税收的贡献形成鲜明对比。比如，京东老板给自己定一元年薪，其身价千亿，却不用缴纳个人所得税；一些收入畸高的娱乐明星通过阴阳合同避税；还有很多"拆二代"或是拥有多处房产的富人，虽然没有工资的收入，却有股票分红、收租等隐形收入，并可通过各种手段避税。这一部分人自行申报的收入可能低于中低收入人群，但实际资产和财富所得却超过中高收入群体。这有悖于"应对勤劳所得课以轻税、对非勤劳所得课以重税"的原则。

四是七级超额累进税率对工薪收入阶层存在不公平。个税改革后工薪月净收入8万以上（即年薪96万）按照45%的税率，对比2011年个人所得税的改革，工薪月净收入8万到10万的个税是按照40%征收，10万以上按照45%征收，如果考虑通胀和货币贬值，这相当于最高税率提高了很多。而且对比主流欧美国家，中国最高边际税率更高、征收范围更广。在中国，年收入约10万美元以上适用35%的税率，15万美元以上适用45%的税率。相比之下，在美国，家庭联合申报年收入达到17万美元以上适用24%的税率，达到41万美元以上适用35%的税率，达到62万美元以上才会触及37%的最高税率。[①] 这与我国税收宽税基、低税率的原则相违背。高税率（35%—45%）对很多通过辛苦劳动获得相应薪资报酬的中高收入人群来说很不公平。因为对劳动性收入实行超额累进调节机制，对金融资产等非劳动性收入却没有相应调节机制，所以才出现了当前对劳动所得适用最高税率45%，而对资本财富所得收入仅征收20%的不公平现象。这也体现了当前税收制度在征管模式和体系上的不健全。

二、必须警惕陷入"中产收入陷阱"

现行的个税改革如果不多考虑中产阶层的利益，很可能陷入"中产收入陷阱"。以目前经济增长的态势和人均GDP指标来看，中国跨越"中等收入陷阱"的可能性很高。但是如果对比最近几年的居民人均可支配收入和人均GDP，可以发现我国城镇人均可支配收入的增长速度已经越来越落后于人均GDP的增长速度，更不用说农村居民人均可支配收入的增长速度之慢。

---

① 数据来源：美国国家税务局2021年最新数据，https://www.irs.gov/。

现有数据还显示，中低收入群体的人均可支配收入增长速度远远落后于高收入群体。这表明，人均可支配收入的提高，更多是由少数高收入群体拉动的，而绝大多数中低收入群体的收入增长十分缓慢，甚至停滞。由此可以判断，国家层面的人均GDP和人均可支配收入的数据好看，并不能代表广大中低收入群体的财富实现增长，即虽然"国富"但却不一定"藏富于民"。

相对于国家宏观层面的"中等收入陷阱"，更应当重视和警惕的是"中产收入陷阱"。因为"中产收入陷阱"比"中等收入陷阱"更可怕。所谓的"中产收入陷阱"是指受过良好教育的群体，在收入达到中高水平后，却发现之后很长一段时间里，收入增长速度放缓甚至停滞，难以步入真正的高收入阶层，进而造成财富积累缓慢甚至缩水，于是开始对个人和家庭的未来充满担忧和焦虑，对社会不公高度敏感，对国家的发展失去信心。

世界各国的经验表明，"中产阶层收入陷阱"将导致国家失去社会政治发展的稳定器，导致国家迟迟不能进入成熟稳定的社会政治发展阶段。中国也不会例外。中产不稳或者萎缩，会产生以下影响：

第一，不利于刺激消费，促进内循环的形成。在中美博弈升级的大背景下，中国依赖出口的低端制造业正面临着产业转型和扩大内需的紧迫局面。培养内需，完成自我循环，最基本的是要促进消费。中产阶层作为连接富人阶层和底层阶层的中流砥柱，其实际可支配收入在扣除掉通胀和房贷等各种成本后，常常反而是负增长，因此也被称为"中债阶级"。如今中产阶层拼命工作，在"996"超额加班的同时还要面临巨大的生活成本和高额的税收，那么谁来消费呢？决定消费的因素有很多，不仅需要考虑当前收入，还要考虑预期收入和财产状况。当前个人所得税的征收只考虑了当前收入，按照累进税率征收，中产阶层税负感较重。其实，决定消费行为的主要因素是预期收入和财产状况。这也解释了中产阶层消费增长率逐渐示弱的趋势。中产阶层是社会稳定器，让中产阶层有钱消费是驱动内循环的原动力。如果中产阶层无法进行财富累积和消费，这将一方面制约中等收入群体的壮大，另一方面也制约经济的增长。因此，调整中产阶层的个人所得税是扩大内需的必要举措之一。

第二，中产收入陷阱会进一步导致中等收入陷阱。很多国家没能够跨越中等收入陷阱，其中一个重要原因是不够重视发展的公平性，进而导致国内贫富分化严重，中低收入群体的消费能力严重不足。消费是拉动当前经济增长的最重要因素，消费不足将会导致经济发展动力不足，使经济增长进入停滞期，进而引发一系列的经济社会问题。这也是中等收入陷阱最大的危机。因此提升中低收入群体的消费能力是促进经济增长的重中之重。然而，现在中国的现象是，中低收入群体面临的经济社会压力在加剧，教育、住房、医疗、养老，每一个都是现代中青年群体"不可承受之重"。特别是在大中城市，中等收入群体普遍有脆弱感和焦虑感。生活成本过高，限制了城市的工薪阶层积累财富的能力和消费的能力。特别是对于大中城市的中产阶层来说，税负感较重是他们觉得社会不公平的原因之一。这种不公平感正在导致中产阶层对个人和家庭的前途充满焦虑，对社会不公平高度敏感，对社会的发展失去信心。最终导致中低收入人群丧失积极向上的斗志，被迫安于现状。这也是当前"躺平"文化和"佛系"生活流行的根源。这种因为看不到希望而被迫"躺平"的现象无异于扼杀社会进步的动力。

第三，不利于社会流动（纵向流动），导致阶层固化。由于互联网、人工智能等新行业兴起，大量信息产业的"农民工"在一二线城市工作，整体收入相对其他行业较高，通常被定义为高收入人群。该群体主要是来自国内优秀高校的毕业生，寒窗苦读十余载后在大城市打拼。持续多年"996""007"的上班制，使得有的员工严重透支了身体，才仅仅满足了在城市中立足的基本需求。中产阶层尽管拿着看似不错的工资，但在扣除各种保险和个税后，面对高昂的房价和生活成本，实际上难以拥有体面的生活，达到自我实现的需求。很多中产人士倾其所能也仅仅是维持着中产地位的不滑落，很难实现阶层跨越。底层收入人群更是难以上升到高消费、高压力的中产阶层。

清华大学教授李强通过比较2000年第五次人口普查和2010年第六次人口普查的数据，得出结论，认为中国的社会结构发生了从倒"丁"字型结构向"土"字型结构的转变。基于2020年第七次人口普查的数据，社会学界有学者指出，中国的社会结构仍处于陡峭的金字塔型结构，离"中产阶层占主体"的橄榄型结构还有很大的差距。金字塔型结构即少数精英们占据顶层，享受着最好的资源和服务，大量的低收入群体挣扎在底层，而中产阶层夹在中间患得患失，进退两难。底层人民到中产阶层、中产阶层到上层社会的上升通道狭窄，社会各阶层间的流动性受阻。目前来看，这种阶层固化的趋势正在加剧。

第四，不利于劳动力、人才在城乡之间的社会流动（横向流动）。目前社会横向流动呈现单向流动的特点，即从农村大量流向城镇，但是从城镇回流农村的比例很小。中产阶层税负较重成为影响社会流动的隐性因素。中国向来有"衣锦还乡"的传统，大量的外出工作人员都希望可以在大中城市打拼后积累一定的财富，体面地回到家乡再就业。但由于大城市生活成本高，缴纳社保、公积金、个税、房租等后，剩余可支配收入很少，攒钱返乡的周期进而被拉长。网络上流行的一些调侃的话，"深圳挣钱深圳花，一分别想带回家"，很大程度上反映出这种现实。这导致很多外出务工人员只有到中年以后，因劳动力、创造力下降，进而收入下降后才会被迫回流农村。这同时导致大量优秀人才集中在大城市，工作、生活和消费形成城市内部封闭循环，财富无法外溢，最终形成高消费的城市地区逐步垄断了人才、生产资源、剩余价值和终端消费人群的现象。而农村等低收入地区因常年缺乏年轻劳动力，出现空心化、老龄化的问题，进而导致农村经济衰退和城乡间经济发展严重的不平衡。

第五，不利于吸引人才和创新进步。个税过高严重影响对人才的吸引力度，因为高端人才薪资通常能达到35%—45%的高税率，而这远远超过发达国家同等收入的税负。国外工资高、个税低，国内企业则普遍工作强度大、假期少，收入和付出不成正比。这就导致最有创造力的年轻高端人才倾向于去海外就业。即使想回国发展的人才，面对高昂的税负，也可能会望而却步。再者，由于工资待遇较低、生活成本较高、税负重等原因，甚至有不少的"海归"重新"归海"，国家在前期大量投入的人才吸引政策的效益日渐式微。

此外，过高的税率导致对优秀人才的激励难度加大。企业希望提高核心人才的待遇，但成本过于高昂，效果往往不明显。例如，一个年收入超过66万的优秀员工，公司给予10%的薪资涨幅，员工到手工资实际涨幅仅为6.5%，这大大削弱了员工的积极性。同时，对于企业来说，国内大量优质非上市企业（如华为、大疆、老干妈等），其股票分红收益按照个人工资薪金缴纳个人所得税，由于累进计税，员工通常需要缴纳超过20%的个人所得税。而上市公司原始股东则可采用股权转让的方式按照20%税率进行缴纳。这对于优质企业和其员工均不公平。因为优质民营企业没有上市融资，不占用国家资源，反倒要支付更多；其员工因为没有股权等收益，相对工资净收入较高，反倒要缴更高的个人所得税。优秀人才有相应的对高标准生活的追求，希望努力工作能有相应的或超额的回报，实现向上一级阶层的流动。现行的个税制度使得很多人才对个税公平性存疑。当整个社会没有了超额回报，有能力的人就会缺乏创造的动力，社会也就因此没有了创新和进步。

三、个人所得税改革的政策建议

首先，应该考虑根据地区人均收入水平和生活成本差异以及家庭整体收支情况进行精准化减税和免税。一是按照城市GDP和人均收入确定征税的起征点，针对地方的实际经济水平进行差异化纳税。在2021年两会期间，全国人大代表董明珠提议提高个税起征点至1万元引发各方争议。其实1万元在北上广深一线城市作为起征线是很合理的。二是应该考虑以家庭为单位的联合申报纳税制度。要根据家庭整体收支情况调整减免税的额度，综合考虑家庭资产（夫妻双方工资收入、房产、存款、股票/理财、企业资产等）情况，降低家庭单一劳动收入工作者的税负。同时家庭情况也应该结合地区情况进行综合考量。精准化减免税可以起到一定的导向作用，达到定向调控的目的，比如子女抚养和教育方面的减税可以起到鼓励生育的作用。

其次，调整税收梯度，降低个税最高税率，并提高最高税率的适用范围。可以考虑跟主流欧美国家平齐，例如将现行45%的个税最高边际税率调整为38%—40%。将个税最高税率适用范围从年薪96万以上调整为120万以上。随着经济的发展，通货膨胀速度将远远快于税收阶梯调整的速度。个税起征点也从以前的远高于平均工资到逐步落后于平均工资。大部分一线城市的企业员工收入来源单一，尽管收入高，但需要缴纳个税较多，且工资涨幅受到税收阶梯影响，导致工资增长的速度远远赶不上通货膨胀的速度。应该通过个税改革的"额外获得"来藏富于民，引导人们的消费，进而扩大消费，促进内循环。

其三，应该调整劳动所得与财富所得的税收分配关系。一是应当适度降低劳动所得（即工资）的税负，提高财富所得税负。当前个税的覆盖人群基本是中等收入群体，但其实这部分税收所得在国家财政总收入中的占比不是很大，削减一部分对国家财政收入没有多大影响，但是对于缓解中产阶层较重的税负感有很大作用。二是明确高收入群体和富裕阶层的本质区别。高税收应该更多针对坐拥资本的食利者阶层，而不是劳动所得的高收入群体。这就涉及对个人收入的细化分类，扩大综合征收范围，提高资本利得税、资产增值税、租金收入税等的税额，以保证社会相对公平。例如，上市公司股权转让收益的现行20%的税率应该计入综合所得，按七级超额累进税率进行纳税。

其四，给予高端人才税收优惠或特殊奖励政策。加大对高端人才的减税力度，让公司技术骨干可以合理享受公司的待遇激励。非上市公司的内部股票、内部分红、年终奖等需要有配套措施，不能让优秀的员工只能通过离职创业、股权融资、上市套现等渠道才能实现财富积累，即优秀的企业无须通过企业上市、股权激励等手段就可以给员工足够的回报。很多公司为了上市，对公司业绩进行包装，提前透支公司成长的收益，揠苗助长，导致后继无力。尽管公司高管、技术骨干在早期得到了相应的回报，但这种方式不利于产业的长远发展和行业的整体健康。因此，国家应该健全人才激励机制，减轻税收压力，给予高端人才税收优惠或制定其他特殊的奖励政策，让企业及其技术骨干可以获得应有的回报。例如，深圳市已经实施了针对外籍人士、港澳台人士、持有国外绿卡人员等的税收优惠政策，但仍有很大一部分高端人才不属于上述政策倾斜的范围。更大程度地提高高端人才的收入水平，可以让高端人才更安心地留在国内发展，进而提高人才的层次，促进产业整体水平提升。

其五，为促进劳动力、人才城乡横向流动，对部分群体实行税收返还的补贴政策。例如，某外来务工人员在深圳工作，缴纳大量个税，其返乡就业时，可以适当返还部分个税。针对某些职业寿命较短但工资较高的行业（如互联网技术等高科技产业）的从业人员，需要充分考虑其职业特点，因其就业前期缴纳大量税收，在其失业或收入急剧减少的后期就业阶段，要给予适当的税收返还或优惠。对于高收入人群，鼓励其多消费，并通过消费税的调节对个税进行适当返还。例如，通过消费税抵扣等措施促进高收入群体的消费，减少其不愿意消费的抵触心理。

最后，应该明确个人所得税的真正目的是调节贫富差距，促进消费和经济发展，而不是增加中产阶层的税负。国家财政税收数据显示，个人所得税仅占总体税收所得的7.5%。但是居民整体税负感依然偏重，特别是中产阶层群体。个人所得税是为了让中低收入阶层受益，实现其社会流动，而不应该变相为增收中等收入群体的个税以补贴低收入人群。中等收入群体，特别是在大中城市的中产阶层，其压力往往大于很多小城市的中低收入群体。如果现在的个税改革使最终的压力都落到了中产阶层身上，而不是富人身上，那改革就是南辕北辙、适得其反了。这与税收调整居民收入差距、减少贫富分化，最大限度地返利于民、藏富于民，以实现共同富裕的目的相违背。

中产阶层税负感较重的问题应当引起重视。如果按现在的趋势一直这样下去，中国很可能会和美国一样，或是和日本一样。美国现在内部问题严重，中产阶级萎缩，富人避税，贫富差距巨大。而日本，现在已经陷入了低欲望社会，整个国家都丧失了前进的欲望，因为低收入阶层和中产阶层看不到向上流动的希望。这些都应该是我国的前车之鉴。

（本章与魏媛媛博士合写）

第十章
重振民营企业与共同富裕

一、共同富裕离不开民营经济

　　以中小企业为主体的民营企业在任何一个国家都是国家经济发展的重要力量，是推动共同富裕的重要践行者。当今世界，几乎所有强健的经济体都拥有一个庞大的中小企业群体。德国是世界制造业大国，并且长久不衰，但德国的大多数高科技企业是"小而强"的中小企业，数代人经营一个企业，生产着同一种产品，始终走在技术前沿，产品精美精致。美国是世界上拥有最多大型民营企业的经济体，具有强大的经济竞争力。但即使是美国，历届政府也总是强调中小企业的发展，政府的经济政策也向中小型民营企业倾斜。

　　在整个国民经济中，中小企业的重要性是不言而喻的：第一，中小企业解决了大部分就业；第二，中小企业为国民经济提供了一个总体经济生态或者说大企业的孵化基地；第三，中小企业为国家提供了庞大的课税基础；第四，大型企业倾向于垄断，但中小企业之间竞争激烈，因此它们也是技术创新与技术进步的重要来源。

中小企业的重要性不仅仅限于经济面，更重要的是在于政治社会面。发展中小企业是解决初次分配实现社会公平的最有效方法。在任何社会，就业都是最重要的；如果没有就业，就没有人可以致富。即使在西方福利国家，光靠来自政府的福利，即再次分配，社会成员也难以维持体面的生活。而第三次分配，即慈善救济，则更只是一种非常有限的补充。不难观察到，中小企业越是发达，社会就越公平公正。社会的公平公正便是社会稳定的基础。因此，也不难发现，中小企业越是发达，社会也越趋向稳定。一句话，中小企业是国家有效治理的社会基础。

今天世界地缘政治剧变，新冠肺炎疫情毫无终结的迹象，各国经济面临巨大的不确定性。越来越多的政府转向内部优先的发展政策，希望在不确定的国际环境下实现内部的经济可持续发展，为国家治理与社会稳定提供经济基础。因此，各国政府也在努力改善内部经济环境。在各种政策举措当中，针对中小企业的扶持政策尤为显著。以美国为例，其数万亿的政府拯救经济基金流向了三大领域：基础设施、中小企业和社会救济。20世纪80年代以降，在新自由主义经济学影响下，美国大企业垄断越来越严重。2007—2008年的世界金融危机彻底暴露了美国企业"过大而不能倒"的局面。但之后，这种局面不仅没有得到改变，反而变本加厉，以高科技公司为主体的美国大型企业的垄断程度越来越高。新冠肺炎疫情暴发以来，这些大型企业利用其种种优势进行政策寻租，不仅没有受到实质性影响，反而不断壮大。但同时，美国的中产阶层越来越萎缩。中产规模的缩小和社会分化的加剧，使美国民主面临着史无前例的治理危机。上面提到的拜登政府出台的举措就是为了重新壮大美国的中产阶层。即使是外交，拜登也称其为"中产阶级外交"。

今天中国的民营企业对于中国国民经济的重要性也是不言自明的，被概括为"56789"，即民营经济贡献了中国50%以上的税收，60%以上的国内生产总值，70%以上的技术创新成果，80%以上的城镇劳动就业，90%以上的企业数量。

中国政府历来把经济发展作为政府责任的内在部分。内部可持续发展离不开民营企业尤其是中小企业的健康发展。中国从改革开放前的清一色公有制（国家所有制和集体所有制）发展到今天的混合所有制，这是中国共产党对马克思主义经济学的最大贡献之一。民营企业的发展来之不易。每当民营企业发展遇到困难的时候，领导高层总会出台有效的政策，容许、鼓励和支持民营企业的发展。中共十八大以来，习近平总书记就民营企业的发展作出过很多重要指示。近年来，他对中小企业的发展尤为重视。2018年10月24日，习近平总书记在视察广州科学城时指出，"中小企业能办大事"。在高层的带动下，多年来，各级政府也意识到民营企业的重要性，致力于改善民营企业的营商环境。

二、目前民营企业面临的困境

不过，近来内外部环境的变化对民营企业造成越来越大的压力，构成了越来越大的不确定性。在数字上如此重要的民营经济，基础似乎仍然极其脆弱。一有风吹草动，民营企业就变得焦躁不安。

民营企业近来所面临的巨大不确定性主要来自几个内外因素。首先是外部因素，主要表现为中美之间的对抗。自特朗普政府对华发动贸易战以来，中国的民营企业尤其是出口导向型民营企业首当其冲，直接受到负面的影响，很多影响是致命性的。中国出口美国和西方的大部分商品来自民营企业，美国和中国搞贸易脱钩，这部分民营企业自然受到最直接的冲击。

当然，我们应当看到中国出口导向型民营企业的韧性。尽管美国千方百计搞脱钩，但中国的出口依然在继续，甚至有增长。中国出门的主体主要是民营企业。受美国脱钩政策影响最严重的是包括华为在内的中国高科技企业，因为美国以国家安全为由，不惜一切成本来围堵中国高科技企业。但对众多的由中国中小企业承担的民生经济物资的生产，美国有心无力，很难通过财政激励等手段把生产能力转移到美国国内，实现与中国的完全脱钩。这也就是在民生经济领域，中国对美国的出口不仅没有下降，反而有增加的原因。

民营企业所面临的来自内部的不确定性似乎要比来自外部

的更大。就内部环境而言，主要来自两个因素。

第一，国企改革方式的变化。国企从以往的管企业或者管行业逐渐转型到管资本。一些人把此视为新加坡"淡马锡模式"的改革。但这一改革对中国的民营企业产生了深刻的影响，中国国有企业和民营企业的分布也开始出现了"新加坡化"。以往，国企管理企业和行业表明国有企业是有边界的，即国有企业集中在几个行业，其他的行业则让民营企业占据主导地位。但管资本则不然。管资本的原则就是，国有企业并非一定要限定在几个特定的领域，国有企业的目的是保持国有企业所持资本的增值。在这种改革方式下，国有资本开始到处寻找机会，哪里可以盈利就往哪里走。在当下的制度背景下，国有资本如果决定要进入民营企业，后者是没有任何有效的办法加以拒绝的。这样不仅造成了国有资本"与民争利"的局面，也很快破坏了原来国有企业与民营企业之间的"分工"和相对均衡的状态。

第二，政府近来对高科技、教育和房地产等民营企业占据重要地位的领域实施了一系列的整顿和反垄断举措，出台了新的监管政策。所有这些举措从长远来看为中小民营企业健康的成长和发展所必须，但短期内对这些领域的民营企业产生了很大的负面影响。一些政策执行部门没有尽到应有的责任，没有把政策意图讲清楚，即新政策是为了整顿民营企业发展过程中所出现的一些乱象，并且对民营企业进行规制是为了给民营企业的长远发展提供一个更好的制度环境。更为严重的是，有关部门在政策执行过程中，采取过分粗鲁甚至粗暴的做法，不讲

规则和道理，强行阻止民营企业的活动。例如，一些地方动用
扫黑办来对付民营企业，一些地方用扫黄打非办来取消民办教
育培训活动。这些不当的做法不仅使得民营企业家产生不稳定
和悲观情绪，误以为政策又要开始"清理"民营企业了，也导
致了部分社会群体的强烈反应。

更为严峻的是，在这一过程中，社交媒体进一步恶化着民
营企业所处的舆论环境。网络社交媒体上也弥漫着一些极端民
粹主义的情绪，甚至还有一些不良媒体对民营企业家进行毫无
节制的谩骂、诅咒、人身攻击。当这样的情绪影响着网络社交
媒体，而官方监管部门又没有采取足够有效的谴责举措或者限
制举措时，很多民营企业家不可避免地开始担忧，甚至恐慌。

尽管这一系列的整顿和反垄断举措从长远来看非常必要，
有利于民营企业的健康发展，但从短期来看，在政策实施过程
中，中小企业的确遇到了很多痛点难点，不少民营企业家开始
信心不足、积极性下降。这些基层面的新动向需要各级政府高
度重视。否则，很多中小企业的创新和发展之路就很难继续走
下去，甚至会半途而废，无功而返。再者，如果相关部门不改
变政策执行过程中的粗暴行为，如果针对企业家的民间民粹主
义情绪未能有效疏导，继续发酵，那么民营企业家的信心和积
极性必然受挫。这不仅会影响民营企业的发展，甚至还可能影
响社会的稳定。

三、中美全面竞争背景下民营企业的角色

民营企业的重要性不仅要从内部经济社会发展的角度来思考，更要从中国所面临的国际环境来思考。考虑到急剧变化的国际环境，我们有一万个理由去重视和推动民营企业的发展，没有一个理由去反对和限制民营企业的发展。

拜登政府上台后，美国提出了所谓的与中国的体制之争，即"美国民主"与"中国专制"，并扬言无论如何都要击败中国。但所谓的制度之争实质上就是经济、技术和军事等方面的竞争。这和以前美苏冷战期间的竞争一样，在意识形态（制度）之争的表象之下进行经济、技术和军事竞争。

那么，中国应如何回应美国的这种竞争方法？我们必须避免和美国进行直接的军事竞争，因为这是美国的强硬派和冷战派所希望的。美国强硬派想与中国竞争，甚至击败中国的战略已经很明确了，那就是"三步走"。第一步，"脱钩"，尤其是高科技的脱钩；第二步，促成中国国民经济的"国家化"；第三步，和中国进行一场军事竞赛。很显然，后两步是美国在冷战期间击败苏联的战略。当年美苏之间不存在类似今天中美之间那样的经贸关系，因此冷战开始就直接走上了这两步。今天，鉴于中美之间存在紧密的经贸关系的现实，美国加上了"脱钩"这一步。特朗普政府发动中美贸易战，开始搞全面脱钩，造成了"杀敌一千，自损八百"的局面。因此，拜登上台之后，便

从特朗普时期盲目的全面脱钩转向"精准脱钩"。较之特朗普的盲目脱钩,拜登对华的"精准脱钩"对中国企业构成更为严峻的挑战,尤其是高科技企业。

无疑,无论人们喜欢与否,中美之间的全面竞争不可避免。中国理性的做法应当是把竞争的焦点置于和美国的经济竞争上,并且努力把军事竞争转化为经济竞争。客观地说,中国的竞争优势在经济上,而不在意识形态或者军事上。中国最理性、最优的策略就是把中美竞争从军事上转移开,而限于经济层面。

正如历史经验告诉我们的,军事竞争是零和博弈,结局往往是战争,而经济竞争则是一场非零和博弈,结局可以是双赢的。我们应当意识到,中美之间不管有怎样的竞争,其本质都是经济竞争。马克思强调的"经济是基础,政治是上层建筑"的原理迄今有效。弱化中国经济、中断中国的经济现代化,无疑是美国与中国竞争的战略核心。

我们认为,美国试图通过与中国经贸脱钩,从而把中国引入与美国冷战的局面,并最终围堵中国。中国经济要防止完全与美国脱钩,要在实现可持续发展的同时,在中美竞争中胜出,中小民营企业便是关键。特朗普上台以来,美国政府(和一些跟随美国的西方政府)花费了那么大的精力和中国搞经贸脱钩,但到现在为止,美国的脱钩之路走得非常艰辛。这里主要的贡献来自中国的中小民营企业。在高科技领域尤其是被美国认为具有军事敏感性的高科技领域,美国对中国的禁止可以说已经是滴水不漏。在国际范围内,美国(和其盟友)对中国国有企业的围堵也不遗余力,中国国企很难走向世界,尤其是西方世界。但中国中小民营企业生产的是大量的民生经济用品，对美国（和其盟友）没有任何威胁性。并且，在上一波的全球化过程中，美国已经把这部分民生经济用品的生产迁到包括中国在内的发展中国家，它到现在也没能把民生用品的生产迁回国内。过去这些年，美国和日本等国家都尝试了，但没有任何效果。这从另一个角度说明了中国中小民营企业的竞争能力和国际优势。

民营企业的国际环境正在快速恶化。这段时间以来，西方主要媒体围绕阿里巴巴被罚、滴滴被查、恒大被约谈、教育培训行业整顿等事件大做文章，大肆妖魔化中国的民营经济政策。一向反共的美国投资家索罗斯更是在《华尔街日报》发表文章，攻击中国领导层。西方媒体这样做，目标只有一个，即通过妖魔化中国，来阻止西方资本流入中国民营经济领域，借此来达到西方和中国脱钩的目的。西方也意识到在中国总体国民经济中占有重要地位的民营经济是中国和西方经济体关联的主体，并且西方市场是高度依赖中国的民营部门的，因此西方希望通过削弱西方资本对中国民营经济的投资而逐渐减少西方市场对中国的依赖。不过，西方也有一些积极的声音，认为中国政府这一波整顿并非要削弱民营经济，而是通过强化监管和反垄断等举措为民营企业营造一个更好的环境。然而，这些声音很微弱，并且经常被视为是亲中的。

面对这样的国际环境，下一步，中国的民营企业必须实现大发展。我们的目标应该是培养一大批对全球产业格局具有重要影响的技术型民营企业，鼓励和引导中国民营企业加快转型升级，深化供给侧结构性改革，不断提升技术创新能力和核心竞争力，进而让中国在百年未有之大变局中立于不败之地。

四、民营企业在担心什么

企业的创新创业本来就是一个艰难而痛苦的过程，每个创业者都有一本酸甜苦辣的创业史。随着国际国内市场环境的变化，民营企业面临的生产成本上升、融资难融资贵等问题日益突出。

一是成本问题。在创业初期，企业为了活下去，熬过创业严冬，总是想方设法节省成本，降低费用，恨不得一分钱当作两分钱花。在成长阶段，企业努力降低运营成本，增强市场竞争力。国有企业可以从银行得到融资，大型民营企业也可以，但中小民营企业要从国有银行融资难上加难。尽管这些年人们也在讨论"竞争中立"，但实际上竞争中立的命题很难在国内成立。这些年政府大力提倡"双创"，在这一过程中也出现了大量的企业，但大多数企业在创业过程中夭折了。原因有很多，但缺少必要的资金支持无疑是一个重要因素。

二是政商环境。也就是政府为企业办事的效率和便利化程度。中国政商环境的区域差异巨大。企业特别是跨国企业首选我国东部地区投资落户，其中一个重要原因是政府服务意识强，办事效率高，契约精神强。每个企业心中都有一杆秤，都是"用脚投票"的。即使东部地区成本相对高，而中西部地区成本较低，企业也会首选东部。因为尽管东部成本高，但那是显性的、可预期的和可控制的。中国内部不同区域的民营企业发展差异有诸多因素，但政商环境是关键因素。

三是市场环境。习近平总书记在民营经济座谈会上指出，一些民营企业在经营发展中遇到不少困难和问题，有的民营企业家形容为遇到了"三座大山"：市场的冰山，融资的高山，转型的火山。一方面，市场准入门槛高，许多领域虽然在政策上允许民营企业进入投资，但实际上是"玻璃门""弹簧门""旋转门"。另一方面，民营企业虽然研发生产出了很好的产品，但要进入市场困难重重。

四是"意识形态"风向。1992年中共十四大确立了社会主义市场经济体制的改革目标，已经赋予民营经济在意识形态上的合理性和合法性。之后，国家也在宪法等法律层面保障民营企业的合法权益。从经验来说，中国也已经形成名副其实的混合经济体。但在一些干部和民众那里，法律竞争不过根深蒂固的意识形态，不利于民营经济的意识形态经常回归：一些官员在没有充分理解国家政策的前提下粗暴执行政策，一些具有强烈民粹主义情绪的网络社交媒体对民营企业家进行谩骂、诅咒式的攻击。有关方面需要及时给予正确的引导，否则必然会打击民营企业和中小企业的积极性和信心。

五、重振民营企业的政策建议

近年来，每当民营企业面临不确定性的关键时刻，习近平总书记总是亲力亲为，通过不同方式向民营企业释放积极信号，稳定民营企业家的情绪，使民营企业能稳步发展。当前，鉴于民营企业所面临的巨大不确定性，我们有必要再次直面民营企业的生存和发展环境，向民营企业发出积极信号。

在现在这个阶段，民营经济尤其是中小民营企业要健康发展，还必须厘清几个重大的理论和实践问题。

第一，首要的任务是厘清国有企业和民营企业的边界，协调好两者的改革与发展。

改革开放以来，通过几轮改革，国有企业巩固了其作为国家经济主体的地位。但我们对国有企业和民营企业的边界还没有一个清晰的认识，也没有共识。社会经常纠缠于"国进民退"或者"民进国退"的争论中。尽管国有经济和民营经济都是中国国民经济的有机组成部分，缺一不可，但人们对此没有统一的认识。

在为中小企业营造有利制度环境方面，我们还必须掌控好国有企业的改革，避免国有企业的改革和发展对中小企业产生负面的影响。近年来，国有企业从"管企业"和"管行业"转向"管资本"。尽管这种转型有其充分的理性，但必须控制和消除这种转型给民营企业部门造成的负面影响。

历史地看，国有企业主导的行业包括自然垄断行业、国民经济的支柱产业、社会服务行业等。掌握了这些行业，国家就掌握了整个国民经济的结构，也就是保障了国有企业的主导地位。但"管资本"打破了国有企业原来主要在重要领域（行业）占主导地位的格局，正在导向国有资本"遍地开花"的局面，这很容易导致国有企业大而不强、大而不专的局面。再者，国有资本更要节制自己随意"侵入"民营领域。这种"侵入"表现为两种方式：一是国有资本，无论是自发的还是接到政府的指示，救济陷入困难的民营企业。深圳和广州等地"救济"恒大就是很好的例子。二是国有资本扮演"风投"的角色，投资刚刚起步的或者有利可图的民营企业。

"管资本"是新加坡淡马锡模式的核心，这些年有关部门一直在大力提倡学习新加坡淡马锡模式。学习新加坡淡马锡模式的市场精神是必须的，但照抄照搬，会给中国带来致命性的影响。

虽然新加坡的国有资本控制了所有重要的企业，但它们不会保护落后企业，该倒闭的还是要倒闭。这就是市场精神，政府也要服从市场规律。李光耀先生称之为"商业的可行性"（commercial viability）。一旦一个国有企业或者国资控股的企业长期不盈利，新加坡政府是不会让这个企业存在下去的。这种精神，中国的国有企业和国有资本需要学习；但如果我们的国民经济出现"新加坡化"，则是非常危险的一件事情。

新加坡国家主权基金运作有效是有其特殊背景的。新加坡是一个岛国，整个国民经济运作方式类似一个公司。有两个因素促成了淡马锡模式的有效性。第一，国有资本的"国家化"，国家化表明国有资本控制整个国民经济。新加坡有民营企业部门，但这个部门很弱。大多数民营企业被国有资本所控制。对新加坡来说，这是理性的选择。新加坡国家小，没有、也不可能拥有完整的产业系统或者产业链。只要找到一个产业链中的一个环节或者一个产品，就足够新加坡生产。而要在国际产业链中找到这样一个环节或者产品，新加坡就要动用国家的力量。建国以来，新加坡政府在国家的产业升级方面一直扮演着主要角色。国资很自然地替代政府发挥执行政府决策的作用。第二，国有资本的国际化。新加坡是城市国家，对任何国家不构成任何意义上的威胁。这是新加坡国有资本在全世界投资都没有受到政治阻力的主要原因。但即使是这样，新加坡还是一直在小心翼翼地塑造国有资本的形象。首先，淡马锡公司明明是国家主权基金，但仍然冠以"私人有限公司"的牌子。其次，传统上，新加坡一直是西方阵营的一部分，经济是在西方市场上发展起来的。中国改革开放以后，新加坡也开始积极地与中国进行经贸交往。到今天，新加坡和中国已经发展出很紧密的经贸投资合作关系。尽管新加坡在经济上越来越依赖中国，但在安全上却越来越依赖美国。新加坡实际上早已经成为美国的"准盟友"。这种在东西方左右逢源的做法，为新加坡国有资本进入东西方市场提供了非常有利的政治条件。

但是，无论是"国家化"还是"国际化"，中国的国有资本都不具备相似的条件。就"国家化"来说，中国的一个重要比较优势是三层资本结构的均衡发展，即顶层的国有资本、底层的民营资本以及国有资本和民营资本互动的中间层。其中，国有资本占据主导地位的领域包括自然垄断、国民经济的支柱领域、公共服务领域、基础设施建设领域、国家安全领域等。民营企业占据了民生经济的大多数领域。国有资本和民营资本的这种劳动分工和合作促成了中国改革开放以来方方面面的经济奇迹。新加坡不重视民营企业的主要原因，就是国内的市场规模过小，很难发展出具有国际竞争力的民营企业。新加坡的民营企业如果要获得国际竞争力，就必须依靠国家的力量。中国则不一样。改革开放以来的经验表明，因为市场规模巨大，我国民营企业是有能力发展成为极具国际竞争力的民营企业的。更重要的是，中国是个大国，需要完整的产业体系和产业链来保障国家安全。如果国有资本在所有的领域占据主导地位，那么就很容易出现类似计划经济时代那样的"国有化"。如果那样，国民经济最终就会失去竞争力。一个理性的安排是在一些领域国有资本占据主导地位，而在另一些领域民营企业占据主导地位。

这样一种安排也是考虑到我国国有资本"国际化"所面临的困局。因为中国是一个大国，并且已经被美国（以及一些西方国家）界定为"竞争者"甚至"敌人"，国有资本"走出去"没有政治条件。一旦"走出去"，就被视为"威胁"。在过去数年，我国"一带一路"倡议受西方百般阻挠已经充分证明了这一点。国有企业和国有资本无疑是践行"一带一路"倡议的主体。美国等西方主要国家从一开始就反对"一带一路"倡议。除了个别资本短缺的国家，西方国家大多设法拒绝中国的国有企业和国有资本。中国的国企和国资主要的投资方向是广大的发展中国家。但即使在广大发展中国家，我国的国企和国资也受到来自西方的污蔑甚至抵制。西方国家把中国的"一带一路"倡议视为"新帝国主义""新殖民主义""新债务帝国主义"等。随着中美全面竞争时代的到来，国企和国资"走出去"的困难不可避免会增加。如果中国要防止和西方经济脱钩，那么就必须依靠民营企业部门。实际上，正如前面所讨论到的，中美（包括西方国家）之间到现在仍维持着经贸关系，主要是因为中国的民营企业部门。民营企业部门生产的是民生经济物资，尽管具有很强的与西方竞争的能力，但很难被西方视为"威胁"。无论从哪个角度来说，民营企业的作用不仅不能被弱化，而且需要得到强化。

国有资本也不应当毫无原则地拯救遇到困难的民营企业，因为保护落后会阻碍创新。根据经济学家熊彼特的创造性破坏理论，每一次大规模创新都会淘汰旧的技术和生产体系，并建立起新的生产体系。国有资本应当做的不是去拯救因为缺少创新而趋向被淘汰的民营企业，而是应当帮助民营企业的雇员和企业重新适应新的经济环境。国家应当在对民众进行教育和培训，提供适当收入保险，以及把人们重新分配到新的经济活动中起重要作用。这样做一方面可让创造性破坏发挥作用，同时又能避免创造性破坏对社会可能产生的"去稳定"效应。

在这方面，中国可以参照丹麦模式或者斯堪的纳维亚模式。在丹麦，当一个人失去工作，他可以得到两年内近90%的工资。同时，国家负责对此人进行重新培训以帮助他找到新工作。这样做不仅具有经济理性，也具有社会理性。当一个人在丹麦失去工作时，他没有压力，健康也不会太受影响。在亚洲，新加坡也采用类似的方法。无论国有企业还是民营企业因为改组而需要解雇工人，新加坡政府不像一些西方政府那样发放失业金，而是为已经失业或者行将失业的工人提供新培训，帮助他们获得新的技能，重新就业。

而在美国，有很多人由于失去工作而破产，甚至死亡，因为美国没有一个好的体制来应对这种破坏性的转型。尽管美国的创新能力很强，拥有一流的创新机制，但美国并没有为民众提供有效的保护机制。这也是美国今天面临治理危机的其中一个制度根源。

中国可以将斯堪的纳维亚式国家保护制度和美国创新模式结合起来，做出一个更优化的制度安排。简单地说，国有资本不是要去拯救因为产业过时或者扩张过度而陷入困难的民营企业，因为这样做意味着保护落后或者促成民营企业"过大而不能倒"的局面；相反，国有资本要保护因为技术创新而面临困难的工人，因为这样做在鼓励创新的同时也保护了社会。

第二，民营企业的目标应当是"小而强"，而不是"大而强"。

在民营企业发展方面，德国等一些欧洲发达国家的模式值得借鉴。在这些经济体，强大的民营企业大多在专业领域。很多民营企业尽管是家族式企业，但数代人一直在同一个领域耕耘，孜孜不倦地追求技术的进步和升级。因此，企业虽小，但技术强大，产品的附加值很高。

中国的民营企业很不相同。在经营业务方面，中国的民营企业呈现出三个特点。第一，空间的无限扩张。这是由中国的市场规模所决定的，中国市场空间大，因此对任何民营企业来说，很难控制住扩张市场空间的冲动。大部分民营企业的首要目的就是占领市场份额。经常的结果就是导向"过大而不能倒"的局面。第二，产品的多元化。很多民营企业一旦有了资本积累，就盲目扩展到其他领域。这两个特点决定了中国民营企业求数量而不求质量，求多样化而不求专业化，往往大而不强，技术含量低，附加值不高。一旦市场环境变化，就显得弱不禁风。第三，民营企业的趋利性质经常驱使民营企业千方百计地把社会的方方面面产业化和商业化。这是马克思所观察到的，迄今仍没有变化。这些年来，教育（培训）、房地产、医疗等主要社会领域被高度市场化和产业化，民营企业在其中扮演了一个重要的角色。不过应当指出的是，政府在这些领域没有制定有效的规则或者规则滞后是根本原因。在很多领域，因为急于发展，政府抱着"先发展、再规制"的态度，这也是可以理解的。但问题在于，如果企业一旦发展起来，并且发展迅速，到了"过大而不能倒"的地步，政府想再回过头来确立规则，难度和成本就大大增加了。

正因为如此，今天我们政府在花大力气解决这些问题，如通过反垄断来解决"过大而不能倒"的问题，整顿教培市场，规制互联网公司，解决大型房地产公司的债务问题，等等。这些不仅是为可持续的经济发展所需，更是为社会公平所需。

不过，在规制和整顿之外，政府更应当对民营企业进行引导，有关部门应当通过政策和金融等手段引导民营企业往专而强的方向发展。

总之，理顺和解决好国有企业与民营企业之间的关系、大型企业与中小型企业之间的关系，大力发展科技型中小民营企业，以及扶持微型企业的发展，这些都会有助于中国强化和改善产业结构，塑造中间大、两头小的橄榄型社会结构，最终实现共同富裕。

第十一章
中国民营企业国内环境分析

改革开放以来，民营企业为我国经济发展作出了巨大的贡献。民营企业的数量不断增加，在国民经济中的重要性在过去的40多年里不断提升。至2020年底，我国有4000万余家民营企业，其中的民企500强无论从规模还是质量上都已成为推动中国经济增长的中坚力量，数量庞大的中小微民营企业也创造了众多的就业机会，是促进社会经济稳定的重要基础。由这些民营企业所构成的中国民营经济，对我国经济发展、社会稳定所起的具体作用，上一章已进行充分论述，在此不再赘言。总之，一个健康成长具有蓬勃生机的、由大量的民营企业所构成的经济生态圈，是中国能顺利实施以"国内大循环"为基础的"双循环"战略，扎实推进共同富裕的前提条件。

然而，近年来，社会上出现了一些怀疑甚至否定民营企业、民营经济的言论。例如，有些人认为民营经济的作用已经发挥完了，已经完成了它的使命，可以退出历史舞台了；还有些人把在民营企业加强党建工作看成是对这些企业的控制，把混合所有制改革理解为"新公私合营"。且不论这些有卸磨杀驴之嫌的观点在道义上有多么站不住脚，仅从上述民营企业对于推动中国社会经济发展的重要性中，就可以看出这些言论是脱离了基本事实和缺乏理性的。但是，这些错误认知在包括网络在内的各种媒体中传播，通过社会舆论场的放大作用，对民营企业家的信心造成了相当大的伤害。在一些地方，地方官员对中央政策理解不当，甚至粗暴地执行政策，更令民营企业家担忧。企业家信心的缺失，则可能导致投资减少，进而出现研发速度和生产规模增长的放缓等令人担忧的趋势。对于这种势头，如果不能及时扭转，经济结构将可能打破现在的国企和民企相对平衡的状态，再次走向失衡。因此，在当前百年未有之大变局下，我们有必要对中国民营企业生存环境的现状和面临的问题做一些梳理和分析，以避免出现这种失衡。

一、民营企业的生存环境

在2008年全球金融危机发生之后，中国人均收入进入中高收入水平，经济增长速度放缓，人口红利也逐渐消失，并将面临人口加速老龄化所带来的一系列问题，增长模式从以前的要素驱动型，逐渐向创新驱动型转变。在这样的背景下，能否通过创新推动技术进步、进一步提升生产力水平，是中国经济能否跨越中等收入陷阱的关键所在。民营企业通过过去40多年的发展，已经成为以创新促进中国经济发展的重要力量。以知识产权的数量为例，在国有企业享受了国家大部分的创新补贴的情况下，民营企业贡献了70%的新增专利，而国企只创造了约5%，剩下的25%是外企创造的。因此，民营企业的未来在相当程度上将决定中国经济的未来。然而，从总体来看，中国民营企业的生存环境不容乐观，在近些年还有恶化的趋势。

1. 中小微民营企业在艰难环境下求生存

中小微民营企业占到民营企业数量的绝大多数。由于自身规模的限制，中小微民企在获得经营所需的土地资源和通过融资获得发展所需的资金支持上都面临非常大的困难。普遍处于价值链、产业链和创新链中低端位置的中小微民企，面对成本上涨带来的压力，也是首当其冲。包括社保缴费在内的各种税费，虽然在近几年，特别是新冠肺炎疫情后得到了一些降低和减免，但仍然是压在广大中小微民企身上的沉重负担。此外，很多制造业领域的中小微民企目前还面临招工难、用工荒的问题，给生产经营带来不小的困难，也对保持和提高中国制造业竞争力带来挑战。

在现行的土地"招拍挂"制度下，土地供应非常有限。近年来的房地产热更推高了在城市取得土地使用权所需的资金。很多大型的房地产商也不得不通过寻求合作以共同筹资来取得土地使用权。中小微民企由于资金规模的限制，在土地使用权的获得上面临障碍。大部分中小微民企没有能力参与合法的正常土地使用权拍卖。一些中小微民企从市县级以下的地方政府或开发商那里购买不符合法律规定的或不具备全部产权手续的土地或者房产，即所谓的小产权房。这些主要分布于农村和郊区的小产权房不具备政府承认的产权，因此一旦遇到土地征收和拆迁，中小微民企作为房地产使用权购买方的权益得不到任何有效保障。此外，通过租用的方式来获得所需的土地或房产资源也是很多中小微民企的无奈选择。然而，现有法律法规和地方政府对房地产承租方的保护往往不够充分。一旦遇到土地征收和拆迁，很多作为承租方的中小微民企就会遭受设备价值损失和不动产投资的损失。一般城市政府只和土地或房地产的所有者谈判，而承租方因土地被征收而被迫搬迁所带来的损失通常得不到相应的补偿。从某些地区（如珠三角）的情况来看，中小微企业即便与小产权房地产所有者签订了租赁合同，超过两年以上的部分法律也不予认可和保护。因此，许多中小微企业不得不选择一种"游击队"式的生产经营模式，打一枪换一个地方，灵活度和适应性是很强，但不利于企业的长期发展。

中小微民企要发展壮大，除了要获得土地和房产的使用权，也离不开资金的支持。在创业和发展的初级阶段，民营企业通常只能通过内源性融资，即通过企业内部人员投入个人资金或由个人向亲友筹集资金。当企业规模逐渐扩大，资金需求也随之提高，仅靠内源性融资越来越不足以满足企业发展的需求。中小微民企要获得继续发展所需的资金，就必须通过外源性融资，常见的渠道包括上市融资、发行企业债券融资和银行贷款。

在股票市场上市融资对于中小微民企而言缺乏可操作性。绝大部分的中小微民企不具备在主板上市的基本条件。深圳证券交易所曾经设立的中小企业板块在上市条件、发行审核信息披露等方面与主板差别不大，且已于2021年4月并入主板。而在深交所创业板市场上市的公司数量迄今为止不到1000家，根本无法为数以千万计的中小微民企提供融资机会。

能通过发行企业债券进行融资的，基本上只限于少数大型民企，并且这些大型民企发行企业债券的数量和规模近年来都呈下降趋势。与国有企业相比，在企业债券市场份额占比上，民企债券的市场占比从2016年开始一路下滑，到2020年5月底，民营企业债券发行数量仅占全市场的8.6%，发行规模仅占全市场的7.4%。而同期国企债券的市场占比则逐年升高。2016年，发行企业债券的民营企业数量为586家，而到2020年的前5个月，这一数量降到205家。①

民营企业向银行贷款融资，在法律上没有障碍，然而实际操作起来时，广大中小微民企通常需要支付数倍于银行基准利率的利息。例如，商业银行通过实行存贷款挂钩、提前扣除利息和搭配理财产品等手段，对中小微民企收取基准利率两倍或以上的利息，村镇银行或小额贷款公司收取利息的利率一般是基准利率的三倍甚至四倍以上。除了高利率的制约，中小微民企在申请贷款时通常还要向银行提供抵押或其他形式条件苛刻的担保。由于这些原因，一些急需资金的中小微民企选择民间金融作为融资渠道。但民间金融虽然贷款条件比较宽松，需要付出的利息则更高，往往高于银行利息数倍。中国现行的法律将利息高于银行一年期贷款市场报价利率（LPR）4倍以上的贷

①数据源自《专项扶持仍需加力——详解民营企业2020债券融资现状》一文，http://bond.hexun.com/2020-06-18/201569091.html。

款视为不受法律保护的贷款，这种司法对民间高息融资的不包容态度，也使得民营企业融资难度进一步加大。

需要指出的是，以上这些中小微民企贷款难的问题，在最近两年，特别是在新冠肺炎疫情后得到了一定程度的缓解。国家从2020年新冠肺炎疫情发生时开始，通过一系列财税及信贷帮扶政策，加大了资金投入，放松了民企贷款申请抵押担保条件，降低了贷款利率，使得很多民企，特别是小微企业获得了来自国有银行的政策性优惠贷款。这体现了国家对于广大中小微民企在促进就业、稳定增长上的重要性的肯定。在新冠肺炎疫情所引发的经济下行压力下，政府在第一时间给予了中小微民企前所未有的重视和保护。

虽然各地已经出台了"复工贷""稳企贷"等相关金融扶持政策，但部分企业仍然难以享受政策优惠。例如，有些企业由于无抵押资产或抵押资产不够而无法获得银行贷款融资，还是只能通过民间借贷融资。有些服务行业的中小微民企由于其资产（例如餐馆、酒店等）变现能力变差，银行或担保公司降低抵押成数，甚至不接受其商业资产作为抵押，也导致融资难度加大、融资成本提高。

中小微民企大多处于产业链上的低利润环节，对于成本上涨的影响尤为敏感。企业综合成本的上涨是多方面原因造成的。其中有些是结构性的，例如用工成本近年来不断攀升，与中国经济跨越刘易斯拐点、城镇化和人口老龄化还在持续进行中有直接关系，这将成为一种长期的趋势。企业社保缴费基数逐年增加使得企业用工成本普遍上涨10%—30%。另外，虽然目前国内新冠肺炎疫情总体趋于稳定，但是疫情的影响还在继续，常态化防疫使得企业需要按规定采取防疫措施、准备防疫物资。由疫情引发的美国宽松的货币政策推高大宗商品价格，疫情引起供应链受阻等原因导致原材料成本明显提高。这些与疫情相关的成本上涨在一定时期内还将对广大中小微民企造成不利影响。同时，企业的人力、房租、水电费等固定成本很难降下来。经营不景气时，这些固定运营成本的负担压力将增大，进一步挤压中小微企业本来就偏小的盈利空间。

中小微民企还面临普遍存在的招工难问题。一些需要专业化人才的公司招不到对口人才，而社保系统的区域碎片化、转移接续不易办理等原因，使得一些企业很难引进省外优秀人才。中小微民企密集的低端服务业，虽然对技能要求不高，但很难招到能接受较低的待遇而又能吃苦的劳动力，而且这类企业明显缺乏对年轻劳动力的吸引力。在制造业相对发达的长三角、珠三角等地，随着国内疫情形势好转，劳动力供需矛盾更加凸显，熟练工人与高端人才紧缺。同时，年轻人就业观念发生转变，越来越不愿意在工作时间固定、管理制度严格、工作环境相对较差的制造业就业，而是更青睐相对灵活自由的外卖、快递等服务行业。而这样的趋势，显然是不利于制造业这一关乎中国经济前途命运的行业的健康成长的。

2. 大型民营企业面临增长放缓、成本高企等挑战

大型民营企业相对于中小微民企，虽然在规模和实力上有更大的优势，抵御和管控某些方面的风险的能力也更强，但经济增速放缓、新冠肺炎疫情等因素对它们同样产生了相当大的

影响。2020年9月，全国工商联发布的《2020中国民营企业500强调研分析报告》显示，税费成本、融资成本、原材料成本构成了民营企业500强最主要的成本负担。这些大型民企营业收入、税后净利润等经营指标增长持续放缓，成本高企造成盈利能力受到影响，投融资活动热度降低。

该报告显示，民营企业500强2019年在营业收入、税后净利润、资产总额等指标上都出现增幅放缓，比上年分别下降10.6、5.8、16.0个百分点，制造业民营企业500强在相同指标的增幅上，比上年分别下降5.5、13.0、14.1个百分点。大型民企在投融资活动上也更加谨慎，500强的并购重组活动较上年减少30.7%，投资"一带"和"一路"的企业数量，较上年分别减少了6.7%和24.6%。融资难、融资贵的问题对这些大型民企来讲也依然突出，在融资方面感到困难比较严重的500强企业数量，从2017年的254家增长到2019年的274家；在资本市场获得融资的企业占比较上年减少10.6%。

中央统战部副部长、全国工商联常务副主席徐乐江在2020年9月10日举行的中国民营企业500强峰会上表示："我国民营企业在自主创新能力、资源利用效率、信息化程度、内部治理结构、质量品牌效益等方面，与国际先进企业相比还有明显差距，'大而不强'的问题依然突出。"他还指出，2020年突发的新冠肺炎疫情对民营企业冲击很大，一些大型民企，前些年在经营范围和规模上扩张较快，在疫情引起的经济下行压力下出现了债务危机，仅2020年上半年，就有33家民营企业出现企业债券违约的情况。

恒大集团就是一个典型的案例。自2020年以来，关于恒大出现债务危机的传闻便开始在网络上流传起来，并多次被各新闻媒体报道，恒大系股票应声下跌，仅"中国恒大"这一只股票在一年内的跌幅就超过了70%，损失了近2800亿港币的市值。恒大集团今天的窘境，与其近年来进行的一系列资产扩张和跨行业投资有关。有分析指出，恒大贷款融资成本是国有房企的两倍以上。民营房地产行业具有重资本、高利息的结构性特征，这使得像恒大这样的企业在战略上更容易倾向于追求扩张速度，并在很多城市房地产行业趋于饱和、竞争进入白热化时产生跨行业投资的冲动。目前恒大集团旗下拥有包括地产、物业、新能源汽车、网络、旅游、健康等在内的八大产业。但至2021年5月，恒大汽车未曾售出一辆汽车，类似于它在流媒体等无关其核心产业的布局，与其说是战略投资，看起来更像是用来包装上市融资的故事题材。一些社会学和经济学学者指出，像这样没有经营定力、不做基础研发，而只是依靠规模增长，如肿瘤一样疯狂生长和扩散的企业发展模式，是一种不但无益于技术创新还有可能绑架政府并对国民经济和社会福祉造成威胁的社团主义（corporatism）的体现。

所幸的是，伴随着改革开放发展起来的中国大型民企，在经营模式和理念上是开放和多元的，我们应该珍视和保护这种开放性和多元性。与恒大形成鲜明对比的，是华为数十年来致力于技术创新，潜心研发核心技术，如今终于在涉及其核心产业的许多关键技术上取得国际领先地位。从一个具体的例子就可以看出华为这种开放的态度和耐心支持长期研发的重要性。

埃达尔·阿勒坎（Erdal Arikan）是土耳其毕尔肯大学电气工程学教授。他在2008年发表了一篇关于极化码的论文。华为研发部门的科学家们意识到了该论文在5G网络中将具有重要的应用前景。在他们的建议下，华为主动联系了阿勒坎，并说服他与华为合作。在之后的十年里，华为的研发团队通过不断实验，将阿勒坎论文里的数学理论转化为关系到5G通信技术标准制定权的一系列专利，使得华为在5G领域占据了引领世界的地位。从恒大和华为的对比中可以看出，要为社会带来促进生产力水平提高、利国利民的突破性创新，企业家不能只想着一味做大规模，而是要有信心和恒心，并保持开放的态度，把精力和资源持久地集中在增强其核心产业的科技竞争力上。

在过去30多年中国大型民企的崛起过程中，其实并不乏像华为这样专注其核心产业，耐得住寂寞潜心做基础研发的民营企业。如今家喻户晓的格兰仕，其实早在20世纪90年代，在微波炉的产销量方面就已是世界第一。但那时的格兰仕还没有能力研发和生产磁控管这一微波炉核心原件，因此在国外零部件供应不畅时整个生产线就会中断运转。格兰仕没有盲目地扩大生产规模和产品范围，而是把精力和资源集中于微波炉核心技术的研发，终于在2001年取得技术突破，自主研发生产出磁控管，并在品质上超过了同期进口部件。2008年全球金融危机发生以来，格兰仕"抄底"，以500万以上的年薪向全球招揽人才，并采取"让外国人管理外国团队"的做法，尊重外籍人士的文化和管理风格，以激发团队的创造力。现在，格兰仕每年向全球近200个国家供应超过5000万台家电产品，其中有接近

4000万台还是其核心产品微波炉。2021年6月，由格兰仕研制的一台微波炉随"天舟二号"飞船起飞，被运送到"天宫"空间站，成为世界首台航天用微波炉，帮助宇航员改善饮食以提高他们的生活质量和工作效率。与华为一样，格兰仕凭着信心和恒心，专注于基础研发并保持了开放的态度，今天终于发展成为掌握着领先世界的核心技术的行业翘楚。

新中国建立以来，我国在科技领域取得了巨大的进步，但仍然有很多方面还没有达到世界先进水平，例如在各种智能设备产品的核心——芯片制造上。中国在各类智能设备方面，从整体上来看已经具有世界最高的产量和需求量，但在尖端芯片上，要么依赖进口，要么自主设计后通过海外代工才能生产，还是处于受制于人的状态。在万物互联的信息时代，芯片的制造与供应链的问题已经不再只是手机等移动通信设备领域的问题，而是涵盖了家电、汽车、人工智能、大数据等重要领域，因此许多国内企业和科研机构正在这方面不懈努力、寻求突破。实践证明，大型民企通过自主研发、狠下决心攻关相关技术，是克服外国在关键技术上"卡脖子"的一条有效途径。在呼唤芯片领域早日出现下一个华为和格兰仕的同时，政府应该积极引导和帮助这些民企，以鼓励这种具有真正企业家精神的企业，让它们能够更加坚定信心、保持恒心。

二、如何引导民营企业进一步发展

如果说国有企业，特别是央企在国民经济中扮演的是国家队的角色，抢占的是具有战略意义的产业和科技制高点，那么民营经济则是解决民生问题的主力军。无论是当年在解决国企下岗职工的工作问题上，还是今天在为庞大的人群提供就业机会、促进社会稳定方面，民营企业都发挥了不可替代的作用。4000多万家各种各样、大大小小的民营企业，还构成了中国经济竞争力的基础，并以类似于一种分布式计算的方式形成中国经济的一张"神经网络"，是市场经济之所以能促进资源的有效配置和要素合理流动的机理所在，也是"一体多元"在经济上的最好体现。

中国民营企业，特别是许多中小民企生产了很多物美价廉的各类商品，是美国和许多其他国家的人民生活所必需的。它们通过生产和在国际市场销售这些商品，加深了中美两国经济上的联系，为防止全球最重要的两个国家在经济上脱钩做出了贡献。例如，2021年7月19日美国和西方盟国发表声明，谴责中国操纵所谓的"网络攻击"，把当年3月针对微软交换服务器发动的一波网络攻击归咎于来自中国的幕后操作。美国之前也就所谓的网络攻击对俄罗斯进行过类似谴责，并对其实施了相应制裁。但与美国对付俄罗斯的手段不同，到目前为止，美国没有就中国对美发动所谓"网络攻击"对中国发起制裁。有分析认为，这与中美经济领域高度互嵌有关。首先，中国生产的很多产品是美国经济不可或缺的，中国4000多万家的民营企业提供了无数物美价廉的商品给美国，大大地提升了美国人民的生活质量，也为美国防止恶性通货膨胀的发生提供了重要保证。其次，中国是美国企业重要的市场，中国现在是包括苹果公司、通用汽车公司在内的一批美国大型企业的第一大市场。因此，美国投鼠忌器，不敢贸然在经济上制裁中国。而反观美俄之间的关系，两者在经济上没有很大的交集。

2020年新冠肺炎疫情来袭时，中国承受了巨大的经济下行压力，政府当机立断，通过实行"六稳"和"六保"政策，及时稳住了经济基本盘。而"六稳"和"六保"的第一项都是关于解决就业问题。中国之所以不需要像美国那样直接向民众发放大量现金救助，就能够渡过疫情所引起的经济难关，一个主要原因就是中国有这4000多万家的民营企业为数量庞大的普通民众提供就业或创造收入的机会。仅是这其中的2000多万个个体工商户就提供了2亿多个就业岗位。因此我们可以把这4000多万家民营企业看成是中国的一张不可或缺的社会保障网。保护它们、让它们健康成长，是实现社会稳定的基础。在"六稳"和"六保"的政策背景下实施的一系列企业帮扶政策，为广大民企、特别是中小微企业带来了实实在在的帮助，应该被制度化、常态化。

中国经济在持续了40多年的高速增长后，增速放缓作为一种趋势，是多种因素叠加造成的。GDP的增速只要能稳定在一个合理的区间，放慢一点并不是一件坏事。大力度的环保、减碳和反腐也都挤出了GDP中的水分，使经济的增长模式具有更强的可持续性，并更加符合人民的长远利益。与此同时，中国企业的综合成本，在包括人口老龄化（导致人力成本上升）和其他国家实行量化宽松政策（导致原材料涨价）在内的因素驱动下，在一定时期内将保持上涨的趋势。在增长放缓和成本高企的经济大环境之下，在技术创新基础上进行产业升级，不但是民营企业自身的出路，也是帮助中国成功跨越中等收入陷阱以成为发达国家的关键。

正如习近平总书记指出的那样，关键核心技术是要不来、买不来、讨不来的，必须靠我们自己努力。在以研发促创新方面，大型民企，特别是高端制造业和高科技产业的一些企业是有战略意识的，也是具备这种能力的。因此，要推动中国经济向创新驱动转型，除了靠国企和科研院校，还要鼓励和支持像华为、格兰仕这样有信心、有恒心并始终保持开放和向世界学习态度的大型民企。在科技创新的许多方面，特别是那些偏应用型的和与民生紧密相关的领域，民企由于其对国内外市场的敏锐嗅觉和更接地气的经营模式，往往具有一定的优势。例如，新冠肺炎疫情给社会生活带来前所未有的挑战，也迫使我们更大程度地推进数字化、网络化，需要我们在这些方面做技术上和商业模式上的进一步创新，而实践表明这些领域并不是我们的国企和一般科研机构所擅长的。战略武器研发、航天、宇宙探索这些高精尖的科研项目固然重要，但我们不能忽视的是，冷战时期的苏联曾经在这些领域领先或至少不落后于西方阵营，但由于在经济方面被西方孤立起来，国内市场与世界脱钩，进而导致民用领域全面落后、民生经济发展不充分，这是最终导致其解体的重要原因之一。我们要牢记苏联失败的教训，继续发挥市场经济的力量，依靠民营企业推动民用技术的进步和民生经济的发展。因此，我们需要帮助民企，而不是打压它们。对于某些领域的民企发展过于迅猛，监管还未完全跟上的情况，应采取以"疏"为主的政策，引导它们进入更加健康的发展轨道，而不是用"堵"的办法，更不能一棒子打死。另外，我们还需要继续加深对外开放，并对某些领域在不得已的情况下实施单边开放，而不是把自己封闭起来。例如，在目前国内资本市场发展尚不成熟的情况下，我们还是需要美国的资本市场的，利用它来帮助我们的企业更快地发展，从而进一步推动生产力水平的提高。

同时，对大部分的中小微民企，我们要看到，它们还处于求生存的艰难阶段，对于研发和创新，一则受经营环境等客观条件制约，二来也相对缺乏主动创新的意识和能力，可能目前不会有很大的直接贡献，但它们是解决就业和民生问题的主力军，因为它们的存在，社会的和谐稳定就有了经济基础。因此对它们要大力地保护、爱护，并将之前因为新冠肺炎疫情而推出的一些帮扶政策制度化、常态化，以改善它们的生存环境，让更多的中小微民企可以生存下来，继续发挥它们对于社会和经济的积极作用。只要有合适的土壤，一些中小微企业就有机会做大做强，甚至成为下一个华为或格兰仕。

然而近一段时间以来，一些涉及民企及其应有地位的错误认知和不当舆论还在发酵与传播之中，如果不加以控制，会使得企业家投资信心下降，创新的积极性也会受到一些影响。所幸的是，中国领导层高度重视民营企业，在第一时间出来正本清源，对民营企业的重要地位和作用给予充分肯定，并明确指出民营企业和民营企业家是我们自己人，让广大民营企业家吃了定心丸。今后最重要的是政策的执行，即各地方政府要用行动来证明，民营企业不是被打压和歧视的对象，而是社会主义市场经济不可或缺的合法成员。长远来讲，如果要从根本上解决民营企业家对于未来发展的信心问题，则需要立法保护民营企业的合法地位和权益，并推动循法而行、依法而治的深层次法治改革，使这些利好民企的政策与法规在执行上实现制度化、规范化和常态化，为社会主义市场经济的长期繁荣打下良好的制度基础。

（本章与袁冉东博士合写）

第十二章
中国民营企业国际环境分析

　　改革开放以来，中国社会经济发展取得了巨大的成就，创造了人类发展史上前所未有的"中国奇迹"。民营企业为这一"奇迹"的诞生贡献良多。①然而截至2020年，根据世界银行的数据，按现价美元计算的中国人均GDP虽然连续两年超过1万美元，却仍然没有达到世界平均水平（约为世界平均水平的90%），这意味着我们在未来15年内依然必须保持中高速的增长，才能使人均GDP在2035年达到中等发达国家水平。而要实现这一目标，营造良好营商环境以帮助民企健康成长至关重要。

　　"十四五"规划和2035年远景目标纲要将全员劳动生产率增长高于GDP增长定为"十四五"时期经济社会发展的一项主要目标。全员劳动生产率是GDP与年平均从业人数的比率，这一指标衡量的是劳动力要素的投入产出效率，即每个劳动者单

---

① 民营企业对中国国民经济发展做出的贡献，在前一章《中国民营企业国内环境分析》中有比较详细的论述，此处不再赘述。

位时间内所创造的产品和服务的价值。如果要让全员劳动生产率的增长速度高于GDP的增长速度，全部就业人员的总劳动时间必须下降。在保持GDP以合理速度增长的前提下，这意味着用更少的总劳动时间创造更多的经济产出。中国经济增长模式已经由过去的要素驱动型逐步转向创新驱动型，在这样的大背景下，这一政策目标的制定表明，"十四五"期间及其后的相当长时间内的经济发展，将更加依赖由技术进步和创新所带来的效率提升，而不只是通过扩大劳动力或资本等经济要素的投入来获得。

在提升经济效率方面，从过去40多年改革开放的实践经验来看，民营企业功不可没。由于目前80%以上的城镇就业岗位由民营企业提供，未来要实现以劳动生产率提高为驱动的高效、高质量的增长，民企将继续扮演无法代替的角色。引进学习国外先进技术和自主创新是民营企业推动经济效率提升的两个主要渠道。然而当前严峻的国际环境给民营企业的发展带来挑战，无论是在引进技术还是自主创新方面，都存在不小的困难。

一、国际环境给民营企业带来的挑战

在2020年新冠肺炎疫情发生以前，中国民营企业所面临的国际环境已经不容乐观。首先，2018年特朗普政府对中国商品加征关税，引发中美贸易战，直接影响了大量以美国为主要出口对象的民营企业。超过30%的中国500强民企认为中美经贸摩擦对企业造成的影响呈加剧趋势，其主要影响包括关税冲击导致对美出口成本增加、出口业务下滑、美国营商环境不确定因素增加等。其次，西方发达国家在高科技领域和高端制造业方面在总体上居于领先地位，它们生产的很多产品在全球市场没有替代品，具有强大的国际竞争力，是包括民企在内的中国企业暂时无法超越的，这使得大多数的中国民企短期内无法进入国际产业链的高价值环节。而在劳动力密集型行业，中国过去具有的成本优势正在或已经消失，其他发展中国家的低劳动力成本对大量聚集在价值链低端的中国民企带来直接的挑战。

自新冠肺炎疫情暴发以来，民企的国际环境总体来看进一步恶化。疫情虽然给西方国家带来巨大的经济下行压力，但并没有在根本上撼动其社会经济的基本盘，它们在高科技领域和高端制造业方面依然保持着领先地位。更为严重的是，这场还在持续的疫情使得西方社会很多民众出现极端化情绪，种族主义、民粹主义和其他非理性思潮大有抬头之势。一方面，西方国家的一些政党和政治人物借机进一步煽动民众情绪，以便把本国疫情管控失败的责任扣在中国头上。另一方面，以美国为首的西方国家普遍出台更加强硬的对华政策。拜登政府至今没有撤销特朗普推出的针对中国产品的关税政策。在某些科技领域，拜登对中国采取了比特朗普有过之而无不及的精准封杀政策，并扩大投资禁令和出口许可范围，使得包括华为在内的一批中国民企深受其害。

今天，中国民企所面临的问题已不只是国内和全球经济增长放缓、新冠肺炎疫情、中美贸易战等单个独立的因素所带来的冲击。在百年未有之大变局下，它们所面对的国际环境处在深刻和快速的变化之中。就目前的趋势来看，民营企业在可预计的未来将承受综合性和结构性的压力。这些压力的来源，可以从以下三个方面来分析。

1. 疫情影响还在持续

新冠肺炎疫情自2020年开始席卷全球，对各国社会经济生活和国际产业链的运转都带来了前所未有的巨大影响。虽然国内疫情在过去两年多的时间里已经得到了较好的控制，但由于新冠病毒及其变种还在很多国家广泛传播，境外输入风险依然时刻存在。常态化的疫情防控为企业运营带来额外的成本，但却是必须付出的代价，因为一旦疫情扩大，将对整个国家的社会经济造成更大、更长久的伤害。只要不出现大面积的疫情扩散和随之引发的大规模封城和隔离措施，国内的疫情防控对民企的运营不但不会造成大的影响，反而是为之保驾护航的必要措施。从国际环境来讲，由疫情导致并对中国民营企业带来较大负面影响的主要有三个方面的问题：海运成本高企、芯片短缺和大宗商品价格上涨。

目前大约90%的全球贸易是通过海运完成的。集装箱是全球化的标志之一。而从2020年开始，国际物流和海外港口效率受到疫情影响，大量空箱在欧美等地积压，导致中国大量缺箱，从而推高海运价格，有的热门航线的价格成倍增长。分析认为，美国超发货币后的需求猛增以及美国港口工作效率的低下，是导致本轮海运成本大幅上升的主要原因。疫情导致美国消费者的消费支出结构发生改变，原来的旅游等体验消费转为电子产品和家居用品等消费品消费。而美国政府对居民发放现金援助也进一步促进了消费品消费。这些都使得美国进口大幅上涨。美国港口长期以来就存在运营效率低的问题。世界银行和IHS Markit发布的全球集装箱港口绩效指数显示，美国没有一个集装箱港口的周转效率排在全球前50名以内。而疫情使得美国港口的运转雪上加霜。许多接受补助的港口工人选择不去工作，港口和仓库的劳动力严重不足，从而导致美国港口运转不畅，成为全球海运供应链的瓶颈所在。到目前为止，海运价格还保持着上涨势头。上海航运交易所2021年7月23日公布的中国出口集装箱运价综合指数在两个月内便上涨了29%。疫情前，青岛—芝加哥航线的一个40HC规格的集装箱的运费在两三千美元，目前已经超过2万美元，涨了接近10倍。青岛一家国际物流公司表示，他们现在每月出货量不到疫情前的25%，并开始担忧高企的运价会让美国客户放弃从中国采购。一些位于天津、广州和深圳的从事外贸的民企反映他们的出货量大减，而最近一段时间以来的海运成本有时甚至高于货物本身的价值，使得欧美客户越来越难以承受。

自2020年下半年以来，疫情还直接或间接地引发了一场全球汽车供应链的"芯片荒"。半导体产业链是全球化程度最高的产业链，必须以合作的方式才能完成。供应链一旦受损，整个行业都会受影响。2020年下半年以来，中国大陆地区最大的芯片代工企业中芯国际由于受到美国持续制裁，产能受到影响。其2018年的市场份额是全球第四位，到2021年第一季度降到第七位，这更进一步加剧了全球芯片的产能紧张。2021年，德尔塔变异毒株在东南亚蔓延使得芯片产业链重地马来西亚疫情严重，使当时已经持续近一年的汽车芯片供应不足的问题更趋严重。2021年3月以来，上汽大众等大型车企就发生过因为芯片短缺而导致的暂停生产。除了以国企为主导的合资汽车品牌，多家民营汽车企业同样面临芯片短缺问题。2021年8月，吉利汽车集团就宣布由于芯片供应不足，作为旗下品牌的几何电动车几乎已经没有库存。除了汽车行业，手机、游戏机、摄像头制造企业也同样受到"缺芯"的影响。分析认为，芯片短缺还与汽车行业、消费电子行业同步超预期复苏，从而导致芯片需求量的大幅上涨有关。疫情曾一度导致汽车销量下滑，使得汽车生产商取消了一大批芯片订单。而随后的销售反弹让车厂以及芯片商始料不及，无法从容应对。由于受到疫情影响，芯片制造商在增加产能方面相对比较保守，也导致芯片产能相对不足。2021年3月开始，英特尔、台积电和三星等半导体制造业巨头都陆续计划投资扩大生产规模，然而这些计划在一到两年内还不能转化为产能。根据生产奔驰汽车的德国戴姆勒公司预计，全球汽车行业到2022年都无法完全摆脱芯片短缺造成的供应链危机。这给一大批为汽车制造商提供配套、以生产汽车零部件为主业的中国民企带来挑战。

自新冠肺炎疫情暴发以来，国际大宗商品价格已经经历了一波快速上涨的趋势。2021年4月底的CRB现货综合指数为532.1，一年内上升了51%。包括原油、铁矿石、煤、铜、焦炭在内的工业原料涨幅超过了60%。农业大宗商品方面，大豆、玉米等主要产品价格也创近年来新高。短时间内某些大宗商品的价格虽然有所回落，但总体来说仍然处于高位，未来不能排除长期上行态势。①分析认为，美国为提振其饱受疫情打击的经济而实行的一系列货币和财政政策，是大宗商品价格上涨的最主要原因。美联储实施的无限量化宽松政策，以及拜登政府推出的数轮财政刺激计划，自2020年以来已经导致超过6万亿美元的新增货币流向各类市场，从需求侧推高了大宗商品的价格。从供给侧来看，作为资源类大国的大宗商品主要出口国大多是发展中国家。这些国家的疫情防控受到政府自身治理能力和疫苗供应不足等因素的制约，疫情无法得到全面有效的控制。在当前病毒变异、传染性增强的情况下，疫情随时有反弹甚至失控的风险，进而对这些国家的生产和物流环节造成影响，导致国际大宗商品供应不畅。疫情何时能在全球范围内得到基本解决还不明朗，加上2022年2月爆发的俄乌冲突的影响，大宗商品供应的不确定性在一定时间内还将笼罩各类市场。因此，由国际大宗商品涨价带来的对从事制造业和外贸的大量中国企业的影响，短期内不会彻底消失。原材料价格上涨导致经营成本上升、利润空间受挤压，已经造成部分民企面临"增产不增利"的困局，其中中小企业受到的影响更大。

2. 中美全面竞争与"金融脱钩"带来的风险

不管我们主观愿望如何，中美关系已经进入了全面竞争的时代，中美在各个领域将以合作、竞争、对抗、冲突等多种形

---

① 数据来源：https://www.financialnews.com.cn/hq/cj/202108/t20210802_224909.html。

式开展多维度的互动。然而在哪些领域应该以合作为主，在哪些领域会以竞争或对抗为主，如何尽量避免和管控冲突，是我们应该思考的问题。在中美全面竞争的背景下，在和国家安全有关的领域里中美之间的竞争甚至对抗在一定程度上将无法避免。但在不涉及国家安全的领域，特别是涉及民生的科技应用和经贸领域，中美之间有着广泛的交集，应该以此为基础加深和拓展在这些方面的合作。在促进科技创新方面发挥了重要作用的金融业（特别是其中的风险投资业），就是中美双方完全可以互利共赢的一个领域。

美国成熟的金融系统为其科技创新型企业的崛起提供了强有力的支持。美国的风险投资基金行业，在经历了70多年的发展后，早已成为助推美国创新经济起飞的重要力量。通过募集社会闲散资金，以专业化和分散化为投资原则，美国风投业有效化解了科技成果转化过程中的高风险，成为促进美国科技成果转化的最有效途径。美国国家风险投资协会（National Venture Capital Association）的研究显示，从20世纪70年代以来，美国风险投资的资本总量只占整个社会投资总量的1%不到，但是受风险投资支持而发展起来的企业的经济产出占到了美国国民生产总值的11%，产出投入比达到11∶1。1974—2015年，在美国上市的所有公司中的40%（共556家企业）曾获得风投资金，这些公司的研发支出占所有上市公司的85%，股票市值占上市股票总市值的63%，雇用的员工总数超过300万人。根据哈佛大学勒纳（Josh Lerner）教授的研究，与包括技术创新促进政策在内的常规经济政策相比，风险投资对于技术创新产生了3倍以上的贡献。与风险投资关系紧密的中小企业创业，还创造了70%多的美国新增就业机会。.

美国风险投资业的成功不是一蹴而就的。它也绝不仅是市场经济无拘无束自由发展的产物。在其发展的过程中，美国的国家意识和政府行为起到了非常重要的作用。①一个国家要打造出一个成熟的风险投资业，是一个复杂的系统工程。其中的一个必要条件是需要有一个能与之匹配的高效的金融和资本市场，使得风险投资基金公司可以通过推动其所投资的初创企业上市而退出并获利。至少在目前来看，这一点正是中国所欠缺的。美国风险投资业的运转横跨了美国东西部，是一个连接了硅谷和华尔街的生态圈。风投基金公司为中小企业提供的不只是资金，还为它们提供量身定做的专业运营知识辅导，并帮助这些初创企业与广泛的行业网络取得联系。

中国的风投业从诞生至今，30多年来有了长足的进步，整个金融业也发展得很快，但和美国相比差距仍然巨大。美国风投业的成熟模式和一些成功经验，是值得中国学习借鉴的，中国风投界的领军人物也多受到美国的影响，大多有美国留学和工作经历。②但是美国的风投行业的运行模式，中国不能完全照搬，因为两国的制度有很大不同。总的来看，中国在风投领域

---

① 关于美国政府在促进美国风险投资业发展中起到的积极作用的详细讨论,见琳达·魏斯(Linda Weiss)所著《美国公司》(*America Inc.*),以及玛丽安娜·马祖卡托(Mariana Mazzucato)所著《创业之国》(*The Entrepreneurial State*)。

② 2017年,在由界面新闻和今日头条推出的"中国顶级风险投资人"排行榜中,排名前三位的都是留美海归。

还属于正在发展的阶段，还在学习和摸索一条属于自己的道路。在过去的二三十年里，美国风投业也直接或间接地促进了许多中国科技型初创企业的发展。中国互联网经济的飞速发展，就和具有美国背景的一批风投公司有很大的关系。在我们耳熟能详的阿里巴巴、腾讯、京东、美团、字节跳动等互联网企业崛起的背后，都有这些风投基金的参与。在实体经济领域，代表着增长新动能的高科技制造业和新能源领域的中国初创企业，也同样获得了美国风投业的帮助。蔚来和理想这两家电动车行业的后起之秀就是其中的代表，在获得美国风投基金的支持后，事业迅速发展，在公司成立后只用了四五年时间，就分别在纽约证券交易所和纳斯达克证券交易所成功上市。

从支持民营企业发展，特别是帮助初创企业以科技创新促进经济增长的角度来看，包括风投基金在内的金融业，应该是中美之间需要鼓励合作共赢而不是脱钩的方面。如果我们自己的金融业还不够成熟，还无法为民营企业，特别是科创型中小企业的成长提供更有力的支持，那么这方面就是我们需要明确态度坚持开放，甚至是单边开放的领域。虽然在特朗普上任以来，中美两国关系下滑，但由于两国在风投和资本市场领域互惠互利的基本面没有改变，两国相关行业和监管部门间有过默契，在一段时间内延续了以往的"战略模糊"，或者说是"睁一只眼，闭一只眼"的情况，让这种双赢合作能继续下去。中国企业通过所谓的"可变利益实体"（Variable Interest Entity，VIE）模式赴美上市融资，就是这样一个走法律和监管的灰色地带以避开行政限制的例子。从新浪开始，到后来的百度、搜狐、京东、拼多多等中国互联网公司，都是通过这种模式在美国上市。

　　然而最近两年以来，中美两国互动出现了一些新的趋势，双方都趋向于不再保持原有的"战略模糊"，这使得两国在风投业乃至整个金融领域脱钩成为一种现实的可能。美国2020年12月通过了《外国公司问责法案》（*The Holding Foreign Companies Accountable Act*），要求在美国上市的外国公司必须遵守美国的审计标准，否则将面临退市。该法案还规定，已经在美上市的外国公司如果连续三年未通过美国公众公司会计监督委员会（PCAOB）的审计，这些企业将必须从美国股票市场上退市。美国证券交易委员会主席加里·詹斯勒在2021年8月16日通过推特发布的一段视频中表示，在中国企业能够充分且合规地披露公司运营信息之前，美国证券交易委员会将"暂时"停止这些中国企业利用VIE架构在美上市。詹斯勒还指出，如果中国企业没有在未来三年内提供它们的财务记录和审计底稿，那么这些企业不管是通过VIE还是其他方式，都无法获得在美国上市的许可。这种变化表明，认同政治在疫情发生后的有限全球化时代愈演愈烈，已经更深刻地体现在经贸领域中的中美关系上了。对中国的民营企业而言，这样的趋势发展下去会对自己产生非常不利的影响。

　　具有美国背景的风投基金的资金募集端和退出端通常都在美国，即通过在美国筹集资金、投向中国初创企业、扶持这些企业直至帮助它们在美上市而实现获利并退出，完成一个完整的风投周期。这样的"两头在外"的运营模式在过去20多年相对稳定，但在现在的形势下，是否还能延续下去具有很大的不确定性。中国的资本市场虽然发展迅速，但目前来看还不够成熟。相比而言，美国的资本市场对各种新型产业里的创新企业具有更强的价值发现能力和容纳能力。美国资本市场还具有一系列的有利于创投活动的制度设计，例如在减持政策上，就比中国的资本市场对风投基金更加便利。如果美国资本市场不再欢迎中国企业，美元风投基金支持的创新型企业将很难在美国股市上市融资，使得美元基金无法顺利退出，完成投资周期。这些变化将会给那些多年来扎根于中国的美元风投基金的运营带来很大的阻碍，从而对它们所支持的中国民企的创新创业行为产生负面影响。

中小企业融资难是一直困扰民企，阻碍其健康发展的老问题。美国风险投资机构在过去20多年里对科技创新型中国民企的发展发挥了非常积极和重要的作用。很多现在成功的中国高科技企业，在发展起步阶段都受到了美元基金的支持。美中关系全国委员会2019年5月8日发布的一份美中投资项目（U.S.-China Investment Project）报告显示，从2000年到2018年，美国风险投资机构参与了2500多轮次的中国企业融资，为中国初创企业带来了520亿美元的投资。仅在2018年一年内，美国风投机构就在中国参与了330多个风险投资项目，投资总额达到190亿美元。中美风投和资本市场的脱钩趋势一旦加剧，人民币融资难的老问题恐怕一段时间内很难彻底解决，中国民企，特别是初创企业在直接融资方面将面临更大的困难，从而推高民企综合融资成本，加大创业难度。

3. 精英阶层、知识界和金融界人士在西方媒体中表达的对华态度

在中美全面竞争的背景下，美国政府受政治和意识形态的影响，在做涉及中国的表态时经常无法做到客观公允。但西方国家的资本和金融界以及知识界的一些精英往往能比较中立和理性地看待相关问题。他们借媒体发出的声音是值得我们好好聆听并为之冷静思考一番的。2021年7月，《金融时报》（*Financial Times*）前总编莱昂内尔·巴伯（Lionel Barber）在伦敦政治经济学院接受访谈时称，中国政府在中美贸易摩擦的背景下，出现了歧视赴美上市的中国民企的趋势，不难让人联想到阿里巴巴和滴滴出行等公司最近发生的一系列事件。需要明确的是，中国政府最近的一系列政策调整，如反垄断、加强数据安全、防止教育内卷、保护新业态劳动者权益等，都是符合中国长远国家利益的正确决策。但在调整国内政策时，中国作为一个大国，还应该考虑"溢出"效应。例如，美国有一套法律程序来制裁垄断企业，企业也可以通过法律手段来维护自身的合法权益，政府和企业之间还可以通过举行听证会、协商等途径解决矛盾和分歧。中国在这方面的制度设计上还比较欠缺，政策执行下来，给人一种很突然的感觉，让国内和国际资本市场的投资者们措手不及，引发美国股市中的中概股在短时间内出现惊人的跌幅，被有些人形容为"割韭菜"，这当然不是中国政府的本意，但难免有人会这么认为。有些部门和地方政府的粗鲁执法，加之追求流量的社交媒体毫无底线地妖魔化民营企业家，使得民营企业家心寒。这种总体气氛也很快感染

了外国投资者。

因此，我们不应该忽视国内近期的一些重大政策调整对中国民营企业国际环境可能造成的影响。英国《经济学人》（*The Economist*）杂志于2021年7月31日刊文称，中国近期出台的有关教培行业的管制政策，将成为中国民企和资本市场的一道分水岭。以往美国风投基金助推中国初创企业迅速成长后再赴美上市的这一收回投资并获得回报的有效渠道将不再畅通。而此路一断，国内和国际的各种资本对中国创新和投资的热情都会受到影响，中国企业家获得创新创业所需资金的成本也将随之上升。文章还指出，更为重要的是，资本市场有自己的运行规律和逻辑，而不是一个监管当局能随意开关的水龙头。在形容国际资本市场对中国采用的监管方式的看法时，此文还用了一个英文里不常出现的单词"high-handedness"，可以翻译为缺乏透明度，且包含有专横霸道的意思。

"报业辛迪加"（*Project Syndicate*）是一个被称为"世界上最具智慧"的评论专栏网站，文章主题涉及全球政治、经济、科学与文化，作者来自世界顶级经济学者、诺贝尔奖得主等思想领袖。2021年7月，摩根士丹利亚洲区前主席、现任耶鲁大学杰克逊全球事务学院高级研究员史蒂芬·罗奇（Stephen Roach）在"报业辛迪加"发表了一篇文章。像《经济学人》这样的杂志是属于那种信奉新自由主义经济学的偏保守的媒体阵营的代表，时常发表一些对中国的负面评论并不足为奇，但是罗奇则不同，他在过去20多年来一直看好中国经济发展的前景，并在增进中美经贸关系、提升美国对华投资热情方面扮演了积极的角色。而他在这篇文章中表示，中国正在打压驱动其自身经济成长所依赖的商业模式，这令人不安。罗奇还提到，过去25年来，他是一个坚定的乐观主义者，现在却对中国经济的发展方向陷入了深刻的怀疑。像罗奇这样的华尔街精英，看问题时基本上是非常理性而较少带有意识形态偏见的，如果连他们都开始改变其一贯的看法了，那么说明问题可能真的有些严重了。

　　当然，我们所处的这个世界是复杂的，国际舆论场上也是鱼龙混杂。金融界里的一些靠投机起家的资本大鳄，例如索罗斯，对中国一直以来是抱有成见的，甚至是怀恨在心的。1997年亚洲金融危机发生时，索罗斯在亚洲其他国家所向披靡，唯独在企图以卖空港币来狙击中国香港时栽了个跟头，损失惨重。他最近也跑出来，在包括《华尔街日报》在内的一些媒体上发声，说中国现在是要抛弃市场经济，转向计划经济。这样的言论是危言耸听，会对国际投资者产生非常负面的影响。但无论如何，从西方媒体折射出来的国际资本市场对中国的反应是值得我们关注和分析的。兼听则明，我们在执行政策调整时，如果能够更多倾听意见，在细节上进行改进，那将是对我们有益的。《经济学人》2021年8月14日又刊登了一篇关于中国正在通过各种方式努力提升生产力水平的文章，其中就对中国政府在过去几十年里显示出的强大的自我矫正能力表示了肯定。此外，我们还应该更加积极主动地回应国际舆论，为市场经济、民企地位以及坚持改革开放、欢迎外国金融界和企业界继续开展对华合作与投资做出明确的表态，以正视听。只要我们做好这些"国际公关"工作,西方媒体就会有所反应,外国的资本和企业界人士也就能更好地理解中国目前所推行的改革的合理性和必要性。上文所提到的《经济学人》2021年8月的那篇文章,就对中国证监会在第一时间召开闭门会议,向国际金融机构就教培机构改革说明情况进行了如实的报道。

二、如何为民营企业发展营造良好国际环境

民营企业是推动中国经济向高质、高效的创新驱动型发展模式转型的重要力量。从市场竞争的摸爬滚打中成长起来的中国企业家具有企业家精神,敢于创新。民营企业在科技创新中已经发挥了十分突出的作用,它们近年来为我国贡献了70%以上的技术创新和新产品。许多新经济、新业态在中国的诞生和发展都是民营企业推动的,为中国经济的发展不断带来新的惊喜和增长点。民营企业的这些创新创业活动,除了需要有良好而稳定的国内营商环境与之配合,也离不开一个适宜的国际环境。实践证明,不管对一家企业还是一个经济体而言,闭门造车都是行不通的。

新冠肺炎疫情虽然在总体上得到了有效控制,但经常有反反复复甚至恶化的趋向,而要在全球范围内得到根本解决可能还需要几年甚至更长的时间。疫情的蔓延对民营企业的影响经常是致命的。海运成本高企、芯片短缺和大宗商品价格上涨等这些由疫情带来的国际商业环境的变化,对中国民企确实造成

了不小的困难。但应当看到，这些不利因素是阶段性的，它们不太可能对民企的发展构成永久性伤害。在某些条件下，这些压力甚至可以转换为促进民企技术升级转型和自主创新的催化剂。中国政府也有能力采取针对性的政策，帮助民企，特别是广大中小微企业来应对和解决这些眼前的困难。最关键的还是要做好国内疫情的管控工作，保证国内社会经济的基本运转不中断。这样一来，中国作为全球产业链的重要组成部分的地位会得到巩固和加强，中国制造将保持在国际市场的不可替代性，因此也将吸引更多的外资来中国布局新的产业，并扩大现有各类产业的生产规模。至2022年3月，中国已有超过12亿人完成全程疫苗接种，覆盖全国总人口的90%以上。现在，防疫工作依然不能放松，但可以根据情况有序和适当地放松出入境限制，促进中外人员双向流动的逐步正常化。

一切帮助我们解放和发展生产力的国内和国际各方面的力量，都是我们应该保护和支持的。从这个角度来看，民营企业是解放和发展生产力的重要元素，而最近20年来美国的风险投资基金以及以华尔街为代表的金融资本界，在帮助中国民企创新创业方面发挥了积极的作用，这是需要我们考虑并给予公正对待的。美国风投基金帮助中国中小初创企业解决融资问题，使它们实现更快的发展，这应该是受到我们欢迎的，应该是哪怕需要单边开放也要为之创造条件的，因为这有利于我们解决民生和经济发展问题。我们绝不能小看这些民生和就业问题。中小民企这些看似不起眼的创业创新举动，只要能促进经济的发展、创造出更多就业的机会，我们就能腾出手来解决那些要不来、买不来、讨不来的关键核心技术。当然，美国的风投基金公司肯定不是"洋雷锋"。在商言商，它们来中国投资肯定是为了盈利的。但只要是能帮助我们发展经济，我们就应该肯定和支持。美国的风投资本和华尔街如果能帮助我们发展民营经济，也就是在间接地帮助我们发展高科技。美国投资者出钱出力并承担风险，帮助中国企业创业创新，赚取一些合理的回报，是合理正当的事情。这本应是中美合作共赢的典范。

2021年9月2日，习近平总书记在2021年中国国际服务贸易交易会全球服务贸易峰会上发表视频致辞，强调中国将提高开放水平，并指出要继续支持中小企业创新发展，深化新三板改革，设立北京证券交易所，打造服务创新型中小企业主阵地。这样利好中国民企创业创新的举措可谓正当其时。我们应当大力传播中国政府这一鼓励和支持民营企业发展的制度性举措，让中国的民营企业家放心，让世界放心。但是，我们不应当不切实际地希望它产生立竿见影的效果。要打造一个全链条的成熟的能有效助推中小企业创业创新、从风投到上市的金融生态圈，是需要时间来沉淀的。中国在这方面应该学习借鉴美国风投和金融业发展模式中好的方面，摒弃那些不好的方面。而要做到这些，除了有正确的方向，我们还需要有耐心和恒心，在具体实施上一步一步地探索和推进。

如上文所述，美国风投业诞生于70多年前，美国金融业更是经历了200多年的发展，才达到今天相对成熟和繁荣的状态。中国现在的股票市场，特别是新三板的大致结构和美国非常相似。我们在资本市场方面差的不是硬件，也不缺资金。但是在软件或者文化上，中国与美国有着非常大的差异。从北美殖民地武装反抗英国、美国建国开始，自由主义和反权威主义就一直是美国文化的基本特征。这样的文化土壤催生出的敢想敢做的精神，利于创新创业，是其中好的方面。但是反权威如果再加上反科学，就变成了反智主义。今天的美国作为世界科技第一强国，却还有相当多的美国人相信和支持特朗普抛出的一系列阴谋论和非理性政策，也是美国这种自由主义和反权威主义的产物。而美国的创投文化也并非没有副作用。正如脸书总裁扎克伯格所说的，"硅谷模式"就是"Move Fast and Break Things"，即先让产品上线，有问题以后再发现、再解决。但是，这个模式被发现确实有问题，而且是安全问题，导致美国很多公司和机构的信息系统存在漏洞，从而使得美国成为黑客勒索攻击的重灾区。美国之所以能出现这么强盛的创新型经济，离不开其崇尚自由与反权威的文化。美国的文化与制度决定了美国的那些最有创新精神的人群几乎不受任何限制与羁绊。所以，特斯拉的首席执行官伊隆·马斯克（Elon Musk）在网上直播的时候可以抽大麻，并直言他藐视美国证券交易委员会，而电影《华尔街之狼》里也反映出美国金融界人士普遍吸毒的现实。另外，美国金融界所崇尚的新自由主义也导致了贫富不均日益严重的问题。美国人不听从权威的文化，和中国所处的东亚儒家文化圈的情况刚好相反。对于促进创新来说，可能美国的这套东西还确实比较有用，不过，经验地看，东亚社会的儒家精神是可以弥补美国过度自由主义和过度反权威所导致的缺陷的。日本、韩国和中国台湾的企业家具有同样的创新精神，但没有产生美国那样的情况。

美国风投业成长模式中成功的方面，还有很多值得我们学习但目前我们还未学到的地方。例如，1957年成立于硅谷的飞兆半导体公司（Fairchild Semiconductor），不但自身取得了巨大的成功，其核心员工还二次创业，在1961年成立了旧金山湾区的第一家风投基金公司，在1972年成立了红杉资本（Sequoia Capital），此后还建立了数十家硅谷骨干企业，其中就包括今天的半导体产业巨头英特尔（Intel）和超威半导体（AMD），这些公司被媒体亲切而幽默地称为"飞孩子公司"。此外，飞兆半导体公司的离职人员还通过投资入股的方式间接地促成了苹果、雅虎、谷歌、思科、领英等企业的诞生。据统计，目前美国有2000多家科技企业的创立与飞兆半导体公司前员工的二次创业或投资行为有关，其中92家是上市企业。那么作为中国硅谷的深圳的成功企业代表，华为、腾讯或大疆们又"派生"了哪些有名的企业呢？目前似乎还不是很多。笔者最近采访了几位曾在华为工作多年的工程师，据他们透露，一批像他们这样的资深技术人员，离职以后投资楼市股市，有的通过利用所谓的内幕消息炒股，在过去5年内资产翻番，比过去20多年在华为工作赚的还多。他们表示目前没有二次创业冲动。可以看出，中国确实需要打造一个属于自己的创投生态圈。

有计划有系统地推行一系列产业政策是中国的制度优势之一，其目的在于提升各产业的科技水平，从而提高生产效率。但我们需要看到的是，产业政策作为政府干预市场的一种行为，如果由政府来挑选某些行业或企业作为重点扶持对象，即由政府来"挑选赢家"（pick the winner），是存在风险的。未来总是充满不确定性，包括政府在内的所有机构都无法总是准确地预见将来的新变化。我们应当客观地承认，有时我们也许能看准一些未来的趋势，有时则不行。因此，我们可以制定产业政策，将资源集中在一些领域，但是也要采取恰当的风险管理和避险机制（hedging）来与之配合，即要合理地分散风险，不可以把鸡蛋全部放在一个篮子里面。此外，产业政策从制定到执行是有滞后性的，即有放"马后炮"的风险。从历史经验来看，在改革开放初期我们没有重视微电子业，导致现在芯片制造还处于相对落后的状态。[①]现在我们奋起直追当然是对的，但是同时不能忽视其他一些看上去不太起眼，似乎不具有所谓战略意义的行业。现在国家重视机器人、新能源汽车等"工业4.0"时代的高端制造业，是非常正确的决策；但与此同时，互联网经济和金融服务业等行业对于提高经济效率也是非常有帮助的，同样需要国家政策的引导和支持。例如，支付宝、微信等支付方式代替了现金交易，光是每年全国人民线下消费购物时省掉的找零钱的时间，如果换算成GDP都将会是一个不小的数字，这些都是值得我们考虑的。经验地看，效率提升除了靠产业政策，还要依赖企业家和民企，发挥市场活力，并学习美国硅谷飞兆半导体公司那样的创业创新模式，鼓励那些有专业知识、

---

① 笔者2015年曾去华为深圳总部参观学习。一同前往调研的一位科技部某离休领导发言时提到，微电子业在改革开放前没有被作为重点来抓，在改革开放后的十几、二十年也未得到充分重视。

对行业有深刻理解并有创业经验的人来做二次创业、管理风投，分散投资风险。

现在西方媒体说在中国投资有监管风险、政策风险，导致原来支持与中国加强合作的华尔街现在可能改变立场。金融脱钩风险加大，民企陷入中美互动由合作转向竞争与对抗所形成的旋涡之中，这不论是对想要通过科技创新迅速成长起来的初创企业，还是对想要引进技术或自主创新的大型民企而言都是不利的。新冠肺炎疫情的发生加快了世界进入有限全球化时代的步伐，中美部分脱钩将是无法避免的。然而全面脱钩则会有很严重的后果，对于很多中国民企而言将是无法承受的。我们应反思一下形成这种不利局面的原因。华尔街怕的其实不是风险本身。有风险不要紧，只要风险和回报成正比就是可以接受的。从目前来看，美国金融界精英还是看好中国、支持中国的，并正在积极寻找机会促进中美经贸关系向好的方向发展。①因此，我们在适当的时候应该释放一些"大礼包"，例如扩大市场准入，让西方的企业界和资本界看到，政策风险在每个国家都有可能存在，但只要它们能配合中国的目标帮助我们发展经济，就能获得很大的利益，这样它们就不会放弃中国这个巨大的并具有很大发展潜力的市场。

在中美战略博弈的背景下，美国政府和反华力量想在高科

---

① 据彭博社报道，2021年8月，"美国华尔街资深人士正在与中国官员接触，以寻求召开新一轮中美金融圆桌会议，而美中贸易全国委员会也在近期发起并牵头起草信函，敦促美国政府扩大中美双边贸易并取消此前因贸易摩擦加征的关税"，见https://news.si-na.com.cn/c/2021-08-27/doc-iktzqtyt2575506.shtml。

技等自身具有优势的领域与中国脱钩，从而保持这种相对竞争优势。这当然不是我们想看到的。与美国相比，创投和金融领域也是我们的软肋，如果中国选择在这些方面主动脱钩，这是否会有利于我们占据战略主动呢？在中国目前金融和资本市场还不成熟的情况下，如果我们跟华尔街做切割，那么就要准备好接受在将来的一段时间内民企在创业创新的发展速度上会受到相当大影响的结果。如果我们保持并加强现有的中美创投和金融领域的合作，利用美国成熟的风投业和资本市场来加快中国的创新创业，同时有条不紊地研究和学习美国金融模式好的方面，打造中国自己的创投生态圈，那么这样一来既能享受美国成熟金融业的正的溢出效应，又可以免受其副作用的影响，同时还可以使美国华尔街和硅谷的精英们出于自身利益而为我们说话，起到分化美国内部势力，避免美国形成政商一致反华统一战线的效果，这是不是一种更好的局面呢？美国政府方面，与特朗普的随意性和不可预测性相比，拜登的对华经贸政策既有延续性，又更加精准，即想在核心技术领域精准封杀中国。因此我们要在特定领域进行精准开放。除了高科技，对促进中国民企创业创新作出了积极贡献的美国风投和金融界应该也是属于这样的特定领域。

（本章与袁冉东博士合写）

结　语
构建中国原创性政治经济学理论

　　毛泽东明确指出，人的正确思想只能从实践中来。邓小平也强调，实践是检验真理的唯一标准。无论是毛泽东还是邓小平，他们的论述和中国的"知行合一"文化传统具有高度的一致性。这就是笔者在本书开始的时候着重强调马克思主义中国化和总结中国实践经验对中国追求和实现共同富裕的重要性的原因。没有人会否认，马克思主义在塑造现代中国国家形式的方方面面上的重要性，但更为重要的是要意识到，马克思主义之所以能够在中国扮演如此重要的角色，其前提在于马克思主义的中国化。同样，尽管追求社会公平和共同富裕是马克思主义的核心组成部分，但今天我们如果要在中国实现社会公平和共同富裕，那就必须根据中国的文明、文化和国情，继续深度地把马克思主义中国化。实现共同富裕的伟大实践正在展开，对中国学者来说，必须意识到观察和参与这一伟大实践，无疑是我们构建中国社会科学原创性理论的机遇。

　　中国社会科学需要自己的原创性理论，而原创性理论的来源便是中国实践经验。理论来自实践，实践需要理论指导。正如原创性的技术一样，原创性理论也是"大国重器"。理论如果能够有效指导实践，那么这一理论必然是"大国重器"。从这个意义上说，我们可以把"思想"解读成对中国实践的观察和思考，"思想"也是一种行动。或者说，如何构建基于中国实践经验之上的理论便是今天中国知识分子和学者的最富有意义的行动。结合本书所探讨的主题，这里需要着重讨论一下中国实践经验如何可以成为原创性社会科学理论的来源。

因为中国传统上没有社会科学，近代以来我们通过跟西方社会科学学习、借鉴、对话，我们的社会科学取得了很大的成果。但在很多领域，我们的社会科学还是应用型的。这种局面是很难可持续发展的。要创造中国的原创性社会科学理论，还是要从政治经济学入手，因为西方整个社会科学体系的核心就是政治经济学。中国的社会科学的核心也不可避免的是政治经济学。

对我们来说，政治经济学的核心问题是如何去构造原创性的中国政治经济学理论。在西方，亚当·斯密、卡尔·马克思都是非常伟大的政治经济学理论家。但如果我们忽视他们理论的来源、思想的背景，就很难理解他们的理论。要构建和创造中国原创性的政治经济学理论，首先要看我们的来源是什么。通过这些年的研究，我觉得至少有三大来源，我把它称为"三个传统"。

第一个大的来源，即第一个"大传统"，就是中国2000多年的、至少从秦汉到晚清的政治经济学实践经验。第二个来源，我把它称为"中传统"，就是从近代以来的中国政治经济学实践经验。第三个来源，我把它称为"近传统"，就是改革开放以来的中国政治经济学实践经验。实际上，实践是中国政治经济学理论的最重要的来源。中国政治经济学原创性理论也是基于中国的实践。

秦汉以来的"大传统"是三层结构下的政府、市场均衡。就传统的政治经济学而言，我们以前简单地认为传统是"封建落后"。五四运动以来，一句话就把传统打发掉了。这些年来，基于文化自信，我们开始从传统上去寻找我们的政治经济学来源。中国的传统政治经济学，如果仔细去看，现代政治经济学的很多来源和思想都包含在里面了。比如，近代以来第一个真正的政治经济学学派——法国的重农学派，它的思想就来源于中国的古代经典，包括《易经》、道家无为而治的思想和儒家的政府不与民争利的思想。中国政治经济学最好的经典是《管子》和《盐铁论》，里面包含了大量的可以称之为"政府经济学"的思想和构架，只是没有被系统化、概念化和理论化。

中国从汉代至今，实际上一直存在着一个由三层市场组成的混合经济体。经济体系的顶端一定是国家资本，而在基层是具有庞大的以中小型或者微型企业为基础的民营资本，中间层则是国家资本跟民营资本互动的一个领域。实际上，近代人非常聪明，把中国经济、中国企业分成三类：第一类是"官办"，也就是今天的国有企业；第二类是"商办"，也就是我们说的民营企业；还有一类是"官督商办"，早期的公私合营，现在的PPP模式都属于这个类型。中国历史上，政府跟市场的作用基本上是相对均衡的。凡是政府作用跟市场作用相对均衡的时候，中国的经济发展就好，经济的发展也是可持续的。

当然，中国也有几段并不长的历史时期，市场的作用被弱化，甚至消失了。一是两汉期间的王莽改革时期，二是宋朝的王安石改革期间，三是明朝开国皇帝朱元璋时期，最后是改革开放以前的计划经济时代。应当指出的是，即使这四段时期里国家主义盛行，主要也还是为了应付因为经济结构失衡而导致的经济上的危机。除了这四段短暂的时期，中国的政府跟市场的作用一直是很均衡的。中华文明是世界上唯一一个没有中断的文明，中国的经济实践也是这样的。无论王朝更替，经济实践总避免不了这三层市场的结构。今天，我们又恢复到传统的三层市场的一个结构。

第二个"中传统"，主要是以中国共产党为主导的"马克思主义的中国化"。我们强调马克思主义对中国的贡献，更要强调马克思主义对中国的贡献是通过马克思主义中国化而产生的。

马克思主义中国化分为两段。1949年以前，马克思主义中国化主要解决的是革命的问题，是建立一个政治秩序的问题。这一段时期，我们是成功的。1949年以后，最初我们照抄照搬苏联的计划经济模式，但是很快发现苏联版的计划经济模式不适合中国。所以，尽管当时苏联跟中国都实行计划经济，但苏联版本的计划经济跟中国版本的计划经济是不一样的，苏联版本的计划经济主要是中央政府的集权，而中国的经济活动，包括各方面的权利，甚至产权，是可以"分割"的，是由各级政府来掌管的。中国和苏联后来走上不同的改革道路，跟这个也是有关系的。

　　第三个来源，我把它称为"近传统"，就是中国改革开放以来的实践。这个实践更广，因为这时中国的经济成长、经济发展是在开放状态下进行的。中国跟世界经济互动，中国通过向西方学习，和世界经济接轨，成为今天世界经济的一部分。也正因为跟世界经济互动，跟西方经济互动，我们各方面的体制发生了很大的转型，中国也从20世纪80年代那么穷的一个经济体，发展成为世界第二大经济体。中国更重大的成就，在于过去40多年里实现了8亿多人口脱离绝对贫困状态，这些都是世界经济奇迹。但我们要意识到，中国向其他发展中国家提供了一种制度选择模式，也就是中国现代化模式，就是中国既取得了发展又保持了独立。如果大家放眼当代世界去看的话，很多国家不开放，它就发展不起来；很多国家向西方开放，但是慢慢也变成依附于西方的一个经济体。中国的模式是少数几个既开放又实现了自己独立发展的现代化模式。这是需要我们特别关注的，是政治经济学非常重要的一个方面。

　　实际上，这个现代化模式也跟第二个"中传统"有关系。我们对马克思主义的信念，是经过了中国化的。后来改革开放学西方，也从来没有简单地照抄照搬。正如习近平总书记所说的，"鞋子合不合脚，自己穿了才知道"。

　　未来要做什么？就大的传统来说，要好好总结传统实践经验。经济学家、社会科学家要去读历史，从2000多年的历史中寻找中国政治经济学的传统资源。西方的政治经济学是根据它的文明传统，中国的政治经济学也应基于自己的文明和传统。

　　第二个"中传统"，我们要学习马克思主义政治经济学，更要强调中国的实践对马克思主义政治经济学的贡献，而不是简单地用马克思主义的思想来评判中国的政治经济实践。改革开放以来，中国的实践对马克思主义政治经济学至少有三大方面的贡献。一是产权制度。马克思根据当时西欧的条件，认为私有制是社会不公平、不公正的根源，所以要消灭私有制。中国现在实际上是混合所有制，国有经济占主导地位，但也容许鼓励民营经济的存在，国有经济跟民营经济一起发力，促进了中国经济的发展。二是马克思主义国家理论。马克思当时根据西欧的情况，认为国家只是资本的代表。但这个论断既解释不了中国的传统国家，更解释不了现在的中国，我们的政府、国家代表着最大多数人的利益。三是马克思主义的阶级或者阶层理论。马克思主义主要是一种革命与社会变革的理论。在和平时代，大部分国家都强调阶级和谐、阶级利益协调。中国共产党作为中国的执政党，它没有自己的特殊利益，代表的是最大多数人的利益，它需要协调好不同社会阶层、不同社会群体、不同地区之间的利益。

改革开放以来的"近传统"内容更多了。政治经济制度方面有很多创新，比如混合产权理论，还有我们的扶贫经验、追求共同富裕的经验、国家的动员机制、对外开放政策，加入世界经济体又不失独立性，跟世界接轨又对世界规则作出贡献，方方面面都有很大的挖掘空间。

要创建原创性的中国政治经济学理论，就不能以西方的命题为命题。首先是要找到中国的命题。我们现在做的很多研究都是西方的命题、中国的经验材料，这个现象是不可持续的。

如何找到中国的命题？中国命题只能从中国的三大实践中来寻找。

回到本书所讨论的共同富裕主题，我们应当明了，尽管社会公平和共同富裕是具有普遍性的世界性问题，但并不存在一种普遍的方式和路径去实现这些价值，无论是人们对这些价值的理解还是实现这些价值的方法和工具，都受制于其所处的文明、文化和国情。而对我们学者来说，一方面基于中国丰富实践经验来构建我们的政治经济学理论体系，另一方面用中国政治经济学理论来指导我们的实践，乃是我们当代最崇高的使命和最富有意义的行动。